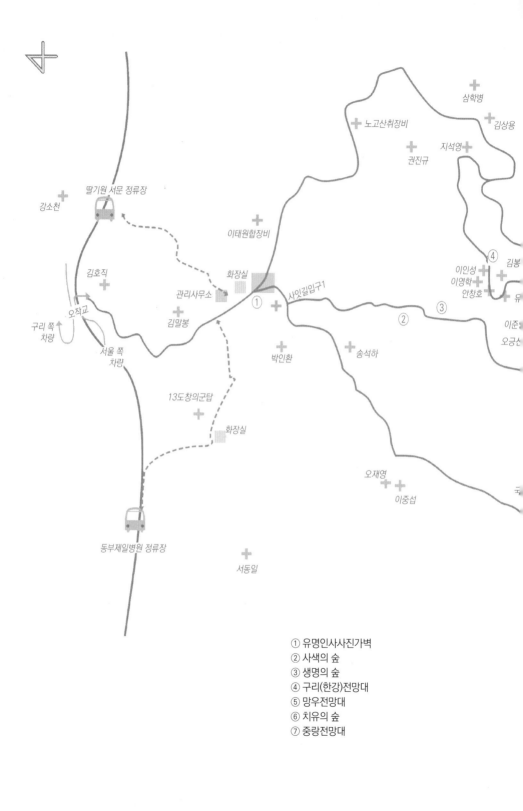

① 유명인사사진가벽
② 사색의 숲
③ 생명의 숲
④ 구리(한강)전망대
⑤ 망우전망대
⑥ 치유의 숲
⑦ 중랑전망대

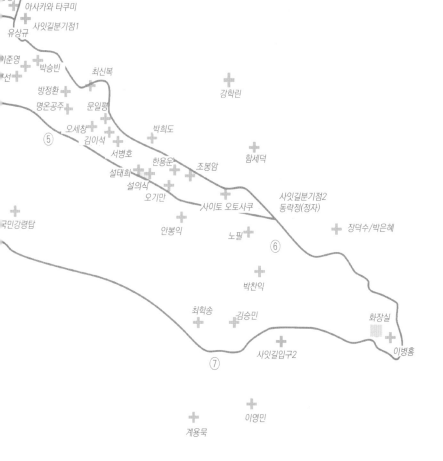

허연

김분옥

문명훤

교통편

■ 대중교통
상봉역(7호선) 5번 출구나 망우역(경의중앙선) 1번 출구로 나와 구리/남양주시 방면 버스 3, 30, 51, 65, 88, 165, 166-1, 167, 201, 202 및 서울버스 270번을 타고 '동부제일병원·망우리공원' 정거장에 하차. 우측으로 건너가 고개 방향으로 200미터 올라가 오른쪽 운동장 쪽으로 들어가 화장실이 나오면 왼쪽으로 돈 후 나무 계단을 올라가면 관리사무소가 나온다(정거장에서 765m, 14분).
이중 51번 버스는 망우리고개를 넘자마자 '딸기원서문' 정거장에도 선다. 뒤로 거슬러 50미터 가서 삼봉사(푯말 있음) 쪽으로 좌로 틀어 끝까지 가서 막힌 길 아래로 무덤 사이의 작은 길을 구불구불 가면 관리사무소와 화장실 사이로 도착하게 된다(6분). 이 길이 가장 빠르기는 하나 버스가 자주 오지는 않는다.
■ 자동차
내비게이션에 '서울 중랑구 망우로 570, 혹은 망우리공원, 망우리공원묘지 주차장' 등으로 입력. 택시 이용 시에는 잘 모르는 기사가 많으니 "망우리 고개 끝까지 올라가 우측으로 급하게 들어서 올라가 주세요"라고 말한다. 봄·가을의 토요일 오후는 길이 좀 막히니 여유 있게 나서기를 권한다.

이경숙
봉성
아사카와 타쿠미
유상규
사잇길분기점1

이준영
박승빈
최신복
선
방정환
강학린
명온공주
문일평
오세창
박희도
김이석
서병호
함세덕
한용운
설태희
조봉암
설의식
오기만
사잇길분기점2
사이토 오토사쿠
동락정(정자)
국민강령탑
안봉익
노필
장덕수/박은혜
⑤
⑥

박찬익

최학송
김승민
화장실
사잇길입구2
이병홍
⑦

서광조

이영민
계용묵

차중락

한국 기독교 역사의 발자취

망우리 언덕의 십자가

한국 기독교 역사의 발자취

망우리 언덕의 십자가

김영식 지음

호메로스

망우리에 십자가가 많은 이유

    기독교는 우리나라의 근대화와 독립운동뿐 아니라 해방 후의 산업화와 민주화에도 크게 기여했다. 즉 우리나라 기독교의 역사를 알아야 우리 근현대사의 전모를 볼 수 있으니, 본서는 기독교인에 한정하지 않고 인문학을 즐기는 교양인의 필독서가 되리라 생각한다.

    필자는 망우리공원 관련 저서 『그와 나 사이를 걷다 -망우리 사잇길에서 읽는 인문학-』을 2009년에 출간했다. 그 후 많은 실내외 강의를 통해 망우리공원의 인문학적 가치를 알리는 한편, 서울시의 연구 용역도 수행하여, 공원에는 2016년에 인문학길 '사잇길'이 조성되며 세계적인 인문학공원으로 발돋움하기 시작했다.

    골방 인문학의 시대는 지나가고 현장 인문학의 시대가 찾아왔다. 읽고 걷고 생각하는, 즉 지·체·덕을 동시에 추구하는 것이 이상적인 인문학의 모습일 터이다. 멋진 경관이 바라보이는 능선 길과 꽃나무 울창한 숲길을 걸어가며 근현대사의 다양한 인물을 만날 수 있는, 이곳은 우리가 세계에 자랑할 수 있는 최고의 인문학공원이라고 할 수 있다.

망우리공원은 1933년부터 1973년까지 서울시의 대표적 공동묘지였다. 그런데 우연하게도 이 시기는 한반도에 역사가 시작된 이래 그 어느 때보다 가장 안타깝고 치욕적이며 폐허와 같았던 시기였다. 그리고 산업화의 초기가 포함된, 그야말로 가장 격동적인 시기였다. 액자처럼 잘라져 보존된 40년의 기간에 온갖 고난을 겪은, 독립지사를 비롯한 여러 분야의 대표적인 인사와 무명의 서민이 이곳에 모여 저마다의 비명으로 시대를 증언하고 있다. 선진 대한민국의 뿌리와 씨앗이 되신 우리 조상의 이야기가 모여 있는 근현대사 박물관인 것이다.

시기가 시기인지라 최초, 초대, 초기라는 수식어가 붙는 많은 선구자가 이곳에 한데 모여 있는데 기독교도 마찬가지다. 우리나라 기독교 최초의 유아 세례자 서병호, 최초의 여성 기독교 장로 김말봉, 초기 기독교인으로 독립운동에 앞장선 안창호, 유관순, 유상규, 이영학, 서광조, 강학린 등의 독립지사, 해방 후 신앙의 자유를 찾아 월남한 아동문학가 강소천 등이 기독교와 함께한 자신의 삶은 물론, 그들 삶의 배경이 되는 한국 기독교의 역사를 말해 준다.

머리말

지금도 새로운 문화유산이 하나둘 추가로 발견되고 있어 그 넓고 깊은 근대의 풍경을 간직한 망우리공원은, 다시 종교나 이념, 활동 분야 등의 영역으로 세분된 스토리텔링이 가능한 곳이다. 본서는 기독교에 초점을 맞춘 코스를 설정하고, 그 인문학적 토대가 되는 내용을 정리하였다. 인물의 연대기야 기존 저서와 다를 바 없지만 기독교라는 실을 넣어 새로 짜내려가다 보니 전혀 색다른 글이 되었고, 한국 기독교의 역사가 대략적이나마 한눈에 들어왔다.

　　총 24인을 1,2부로 나누었는데, 1부는 한 알의 밀알이 되어 나라에 목숨을 바친 12인의 애국지사를, 2부는 교육과 문화를 통해 이 땅에 씨앗을 뿌린 12인(일본인 2인)의 인물을 중심으로 하고 마지막에는 서민의 이야기도 덧붙였다.

　　이곳에는 유달리 기독교인이 많다. 왜 그럴까? 책까지 쓴 필자도 초기에는 미처 생각이 미치지 못했다. 신앙의 자유를 찾아 월남한 많은 분들이 고향으로 돌아가지 못해 훗날을 기약하며 이곳에 모셔졌기 때문이다. 여기 소개된 한국인 유명인사 22인 중 15인이 이북 출신이고, 일반 기독교 신자도 매우 많이 보인다.

　　애국지사 중에 기독교인이 많다는 것은 주지의 사실이고, 그밖

망우리 언덕의 십자가

에 기독교가 우리 역사에 끼친 영향은 지대하다. 그 증거가 망우리 공원의 곳곳에 존재한다. 또한 안타까운 변절이나 억울한 죽음, 오랫동안 소외된 죽음도 망우리는 모두 포용하고 있으니, 이는 바로 기독교 정신과 다름없다. 이 점에서 오히려 이곳은 국립묘지보다 더욱 종교적, 인문학적이라고 할 수 있다.

　망우리공원을 걸으며 실제 삶에서 기독교 정신을 실천하고 소천하신 분들을 찾아, 그들을 기리는 동시에 자신의 삶을 되돌아보는 계기를 얻었으면 한다. 나아가 망우리공원이 새로운 성지순례의 장소로서도 부각되기를 바라 마지않는다.

흰 눈 덮인 망우리에서
김영식

2부 눈물의 씨앗 기쁨의 열매

1부 겨자씨 한 알의 믿음

가라사대, 너희 믿음이 적은 연고니라.

진실로 너희에게 이르노니

너희가 만일 믿음이 한 겨자씨만큼만 있으면

이 산을 명하여 여기서 저기로

옮기라 하여도 옮길 것이요

또 너희가 못할 것이 없으리라.

- 마태복음 17장 20절 -

임시정부 통합에 힘쓴 겨레의 지도자

도산 안창호

(島山 安昌鎬 1878~1938)

대한 민족 전체가 대한의 독립을 믿으니 대한이 독립될 것이요.
세계의 공의가 대한의 독립을 원하니 대한이 독립될 것이요. 하늘
이 대한의 독립을 명하니 대한은 반드시 독립할 것이다.

-1937년, 옥중 심문에서 도산이 대답한 말

1949년 2월 27일, 건장한 체격의 중년 신사 세 명이 망우리 도
산의 묘소 앞에 모였다. 그들은 역도계의 지도자 서상천, 이병학,
이규현의 세 명으로 해방 후 이념의 차이로 분열하였던바, 이번에
도산 묘를 찾아 한국 체육계를 위해 단합하여 헌신하겠다는 맹서를
하였다(동아일보 1949.3.11.).

이런 식으로 각 분야의 지도자들이 단합을 맹세하는 장소로 자
주 찾아가는 곳이 망우리 도산 안창호의 묘소였다. 죽는 날까지 임
시정부 등 민족의 단합을 위해 헌신한 도산의 뜻은 많은 이의 가슴
속에 새겨졌던 것이다. 민족의 위대한 지도자 도산의 자취를 더듬
어본다.

1898년 9월 10일은 음력 7월 25일로 고종의 탄신일. 평양 대동 강변 언덕에 있는 정자 쾌재정 앞에서 만민공동회가 열렸다. 정자에는 평양감사를 비롯한 고관들이 앉아 있고, 연단에는 겨우 스무 살밖에 안 되는 총각이 서서 연설을 하고 있다.

"쾌재정, 쾌재정 하기에 무엇이 쾌한가 했더니 오늘 이 자리야말로 쾌재를 부를 자리올시다. 오늘은 황제 폐하의 탄일인데 우리 백성들이 이렇게 한데 모여 축하를 올리는 것은 전에 없이 첫 번 보는 일이니 임금과 백성이 함께 즐기는 군민동락의 날이라 어찌 쾌재가 아니고 무엇인가? 감사 이하 높은 관원들이 이 축하식에 우리들과 자리를 함께하였으니 관민동락이라 또한 쾌재가 아닐 수 없도다. 남녀노소 구별 없이 한데 모였으니 만민동락이라 더욱 쾌재라고 하리니, 이것이 또한 오늘 쾌재정의 삼쾌(三快)라 하는 바로라⋯."

군중의 웅성거림이 어느새 잦아들며 모두는 숨을 죽이더니 "그러니 우리가 잘 살려면 학문을 배워야 한다"는 그의 말에 누구는 "옳소!" 하는 감탄사를 내뱉고, 누구는 눈물을 팔소매로 훔치고, 누구는 저 약관의 연사가 누군지 옆 사람에게 물었다. 이 날은 앞으로 민족을 이끌 지도자 도산 안창호가 세상에 처음 등장한 역사적인 날로 기록되었다.

독립협회 회원으로 관서 일대에 연설 잘하는 총각으로 유명해진 안창호. 많은 사람이 그의 연설에 감명을 받고 저마다 독립 운동이나 민족계몽에 투신하게 되었다. 대표적으로 이승훈 목사(1864~1930)는 자기보다 한참 어린 안창호의 연설에 감동하여 1907년에 오산학교를 세우고 기미 33인에 참여하였고, 조만식 장로(1883~1950)도 도산의 연설에 크게 감명을 받아 후에 오산학교 교장을 거쳐 관서 지방 독립운동의 지도자가 되었다.

도산 안창호는 1878년 평남 강서군에서 농민 안교진의 3남으로 태어나, 7세에 부친을 여의고 조부 슬하에서 자라며 서당에서 한문을 배웠다. 나라가 청일전쟁(1894)의 전장으로 유린되는 장면을 목격하고, 자신부터 힘을 키워야겠다고 결심하여 17세에 상경했다. 어느 날 정동교회 옆을 지나다가 우연히 "배우고 싶은 사람은 우리 학교로 오시오. 먹고 자고 공부를 거저 할 수 있소이다"라고 권하는 밀러 선교사를 만나, 신학문에 대한 호기심에 구세학당에 입학하였다.

구세학당은 1886년 장로회 언더우드 선교사가 세운 학교로, 1905년에 경신학교로 이름을 바꾸고 해방 후에는 경신중고가 되었다. 도산은 1894년 이 학교의 교사로 있던 송순명(1904년 장로)의 전도를 받아 기독교 신자가 되었고, 1896년 졸업 후 학교의 조교로 월 5원의 봉급을 받으며 일했다. 교장 밀러는 선교부에 보낸 보고서에서, 평양 소년 안창호의 열정과 사람들을 모으고 이끄는 지도력에 찬사를 보냈다.

1896년 고향에 내려왔을 때, 조부로부터 훈장 이석관의 장녀 이혜련(13세)을 약혼자로 정했다는 일방적인 통고를 받았다. 도산은 파혼을 주장했지만 받아들여지지 않았다. 그래서 도산은 장인과 만나 담판을 벌이고 조건부로 결혼을 받아들인바, 처가댁 모두 기독교에 입교시키고, 약혼자 이혜련은 자신의 여동생과 함께 정신여학교에 입학시켰다.

망우리 언덕의 십자가

1897년 독립협회에 가입하고 독립협회 관서지부 설립에 참여하였다. 쾌재정 연설 등으로 활동하다 1898년 말 독립협회가 해산되자 고향으로 돌아와 22세의 나이에 최초의 남녀공학 초등학교인 점진학교를 세웠다. 그러나 점진학교의 운영을 통해 더욱 큰 공부가 필요하다는 것을 절감한 도산은, 언더우드의 주선으로 마침내 미국 유학을 떠나게 되었다. 1902년 9월, 밀러 목사의 주례로 제중원(세브란스병원 전신)에서 결혼식을 올리고 다음날 곧바로 미국으로 떠났다.

11월에 미국에 도착한 도산은 샌프란시스코에서 하우스보이(가정부)를 비롯하여 막노동을 하며 초등학교부터 들어가 공부를 시작했다. 1903년 LA 인근 리버사이드로 이주하여 9월 23일 교민 단결과 계몽을 위한 한인친목회를 조직해 교민 사회를 이끌었다.

1904년 기독교단체가 경영하는 신학강습소에서 영어와 신학을 배우고, 1905년에는 친목회를 발전시킨 공립협회를 창립하여 회관도 건립하고 기관지 『공립신보』도 창간하여 교포들의 권익보호와 생활향상을 위한 다양한 활동을 전개하였다. 회관은 도산에게 감복한 미국인이 기증한 것으로, 이는 한인사회 최초의 회관이요 교회가 되었다.

신민회와 흥사단, 임시정부의 지도자

1905년 을사조약으로 나라가 위기에 처하자 1907년에 귀국한 도산은 서울 상동교회에서 양기탁, 이동휘, 이동녕, 이갑, 유동열, 전덕기 등과 7인의 창건위원을 구성하고 윤치호, 이시영, 이회영, 이승훈, 김구, 신채호, 박은식 등의 주요 인사가 참여한 항일 비밀결사단체인 신민회를 조직하였다. 그들은 대부분 1898년 해산된 독립협회의 동지이자 기독교인이었다. 신민회는 1910년 회원수 800여 명에 이르러 지도적 인사가 거의 망라된 전국적 규모의 애국계몽단체가 되었다.

상동교회

신세계백화점 우측에 있는 상동교회는 1888년에 미국 북감리회 선교사 스크랜턴이 의료 선교를 위해 세운 교회로, 우리 독립운동사에 중요한 역할을 하여 '국가보훈처 현충시설'로 지정된 곳이다. 교회 옆의 안내판에는 "…1907년 4월 결성된 신민회에서도 상동교회 출신이 중요한 역할을 하였다"라고 적혀 있다.

도산은 신민회의 방침에 따라 평양에 대성학교, 도자기회사, 태극서관(출판)을 설립하여 교육, 산업, 문화의 육성을 도모하였다. 또한 청년운동을 위해 1909년 8월 윤치호와 국내 최초의 청년운동단체인 청년학우회(총무 최남선)를 창설하였다. 무실·역행·충의·용감의 4대 정신은 후에 흥사단, 수양동우회(흥사단의 국내 조직)로 이어졌다.

그 외로 무관학교의 설립, 독립군 기지 창설 등 다방면의 사업을 추진하다가 1909년 10월에 발생한 안중근 의사의 의거로 인해 다수의 간부가 구속될 때 도산도 헌병대에 수감되어 2개월의 옥고를 치렀다. 그 후 도산이 중국을 거쳐 미국으로 망명한 후 1910년 8월 29일 대한제국은 일제에 병탄되고, 신민회는 1911년 '데라우치 암

망우리 언덕의 십자가

살미수사건(105인사건)'으로 실체가 드러나 강제 해산되었다.

1912년 11월에 샌프란시스코에서 대한인국민회 중앙총회를 조직하였는데, 이 단체는 일제강점기 당시 미국 교민의 정부 역할을 하였을 뿐 아니라 이승만의 구미위원부와 임시정부를 재정적으로 크게 지원하였고, 해방 후에는 15인의 대표를 본국에 파견하여 건국사업을 도왔다.

한편 도산은 민족운동의 핵심 인재를 기르기 위한 단체 설립의 필요성을 절감하여, 청년학우회의 후신으로 1913년 5월 13일 흥사단을 샌프란시스코에서 창립했다. 흥사(興士)는 나라의 기둥이 되는 사(士, 문사와 무사)를 양성하자는 뜻이다.

일제강점기에 신민회와 관련된 '105인사건(1911)'은 600여 명이 체포되고, 흥사단 관련 '수양동우회사건(1937, 101인사건)'은 181명이 체포되었다. 두 사건은 일제가 독립운동, 민족운동의 지도자들을 대규모로 탄압한 사건이라 할 수 있으니, 두 단체의 창설자이며 임시정부의 초기 지도자인 도산이 우리 독립운동사에 얼마나 큰 위치를 차지하는지 잘 알 수 있다. 회원 대부분이 기독교인이라는 점에서 독립운동에서 기독교가 중심이었다는 사실 또한 잘 알 수 있다.

1919년 3·1운동 직후 상해 임시정부가 설립되고 도산이 내무총장으로 선출되었다. 상해에 도착한 도산은 미국의 대한인국민회가 지원한 2만5천 달러로 임시정부 청사를 빌려 임정의 기틀을 마련하고, 이승만 국무총리를 대리하여 정무를 주도하였다. 9월에 한성, 노령 임시정부와의 통합된 단일 정부를 수립하는 데 성공하였다. 이때 대통령은 이승만, 국무총리는 이동휘, 내무총장은 이동녕을 내세우고, 도산은 하위직인 노동국 총판을 맡았다.

통합임시정부의 출범에 도산의 공이 가장 컸다는 것에 이론은 없다. 그는 늘 통합을 위해 자신은 뒤로 물러나곤 했다. 신민회도 윤치호를 회장으로 내세웠고, 미국 대한인국민회도 초대가 아닌 3대 회장을 맡았으며, 임시정부에서도 도산을 대통령으로 추대하려는 소장파 차장들을 무마하고 늘 이승만을 앞세웠다.

독립운동의 방략을 작성하고 기관지 『독립신문』(사장 이광수)을 발간하였으며, 외교 활동과 자금 모집 등의 활동에 분골쇄신하였다. 그러다 외교파 이승만과 무력행동파 이동휘가 분열되자 책임을 지고 1921년 내각에서 사퇴하였다. 1923년 도산은 다시 범민족적인 국민대표회의를 소집하여 5개월 동안 회의를 거듭하였으나 결실을 맺지 못했다.

도산은 민족만의 부락인 이상촌 건설을 추진하고자 만주 방면을 탐사하고 계획을 추진하였으나 만주사변으로 중단하고, 1930년에 이동녕, 이시영, 김구 등과 한국독립당을 결성하였다. 한독당은 임정의 근간이 되는 정당(집권당)으로, 파벌을 청산하고 민족주의 전선을 통일한 것에 의의가 있다.

망우리에서 한강을 내려다보다

도산은 늘 일경의 감시 하에 있다가 1932년 윤봉길 의사 의거가 일어나자 배후 혐의로 체포되었다. 대전형무소에서 2년 6개월을 복역한 뒤 가출옥하여 평양 대보산에서 휴양 중에 다시 1937년 11

월 동우회사건으로 서대문형무소에 수감되어 재투옥되었다. 연말에 병보석으로 석방되고 간경화증으로 경성대부속병원에 입원하였다. 병상에는 친척 외로는 동아일보 기자 출신인 흥사단원 오기영만이 출입이 허용되었다.

1938년 3월 10일 겨레의 위대한 지도자 도산 안창호는 서거하였다.

안창호 근영

3월 12일 병원에서 망우리묘지로 향하는 길에 가로수처럼 경찰들이 늘어섰고, 망우리 방향으로 가는 사람들의 통행은 금지되었다. 묏자리는 유언에 의해 아들처럼 아끼던 유상규 옆에 자리 잡았다. 경찰과 헌병 30여 명의 경계 속에 친인척 몇 명과 장홍범 목사, 조만식 장로 등 20인에 한하여 참석이 허용되었다. 그 뒤 수주일 동안 경찰이 묘 입구에서 참배자들을 검문하였고, 그 후로도 1년간이나 참배자들에게 이름과 주소를 적게 하여, 도산 묘를 찾는 이들은 길 아닌 산을 타고 올라가야 했다.

망우리에는 1943년에 조카사위 김봉성이 오른쪽에, 흥사단원 이영학이 1955년에 뒤편에 묻혀서, 1936년에 먼저 온 유상규와 함께 도산을 둘러싸고 모시는 모양새가 되었다. 약간 떨어진 곳에는 다른 흥사단원인 허연이 1949년에, 문명훤이 1958년에 들어왔다. 이들 다섯 명에 관해서는 각기 별도 후술한다.

해방 후 춘원 이광수는 『도산 안창호』를 집필하고 도산의 비문

1부 겨자씨 한 알의 믿음

을 지었으나, 6·25 전쟁으로 인해 1955년 10월 15일이 되어서야 새롭게 큰 묘비가 세워졌다. 그 전에는 해방 후 단지 '도산안창호지묘'라고만 새긴 석비가 세워져 있었다. 기념사업회 신익희 회장이 개회사를 하고 조카 안맥결, 성결이 묘비에 덮인 천을 내렸다.

비석제막식,1955

비석의 앞면은 소전 손재형이 쓰고, 좌우 뒷면은 원곡 김기승이 썼다. 김기승은 흥사단원(1026번)이고, 서예가 손재형은 위창 오세창의 제자로 후에 망우리 오세창의 비석 앞면의 글을 썼다. 앞면의 내용은 이러하다.

學不厭 格物致知 欲復祖國 (학불염 격물치지 욕복조국)
誨不倦 樹德立言 爲寧斯民 (회불권 수덕립언 위녕사민)
直無僞 接人以愛 春風和氣 (직무위 접인이애 춘풍화기)
公無私 作事以誠 秋霜嚴威 (공무사 작사이성 추상엄위)
배우고 가르침에 끊임없이 애쓰시고 슬기와 큰 덕을
바로 세워 사심은 우리나라와 겨레를 위함이셨네.

바르고 사심 없이 사람을 대함에 봄바람 같고
일을 행하심에 가을 서릿발 같으셨네.
　　　　　　　　　　-비문 안내판, 도산기념관

　1973년에 도산공원으로 이장될 때 묘비도 함
께 옮겨졌으나, 묘비는 2016년 3월 1일에 다시
망우리로 돌아왔다. 묘비 이전의 경과에 대해서
는 다음의 「유상규 편」에 상술한다.
　도산은 기독교인이었지만 종교의 틀에 구애받지 않았다. 흥사단
원 입단 면접 시에도 각자의 종교에 따른 기도를 권유했다. 그의 기
독교관은 아래의 글에서 엿볼 수 있다.

　서로 모해하기 위해 이단이라 합니다. 여러분은 무엇으로 정통
과 비정통을 판단하렵니까? 내 생각에는 사랑으로 하는 자는 곧 정
통이요, 그렇지 않은 자는 제 아무리 주석을 신·구약을 통하여 수
천 권을 내었댔자 '사랑이 없으면' 곧 비정통이요 이단이외다.
　　-「기독교인의 갈 길」, 평양남산현교회 연설, 1937.10.04.

　높은 산의 정상으로 오르는 길은 다양하다. 아래에 있는 사람에
게는 자신의 마음을 다잡을 수 있는 정형화된 틀이나 조직이 필요
할 수도 있지만, 끝까지 인내하여 정상에 이른 사람들은 서로 악수
를 나누며 서로가 올라온 길을 존중한다. 경계에 갇혀 내 길만이 옳
다고 고집하니 종교전쟁이, 이념전쟁이 그치지 않는다. 그러므로

통합, 화합의 정치는 최고 수준의 정신을 갖춘 위대한 지도자만이 할 수 있는 것이다. 망우리공원의 인문학길 '사잇길'의 이정표 아래에는 이렇게 적혀 있다.

"경계를 넘나들고 경계를 허무는 길"

도산의 가족

도산은 부인과 3남 2녀를 두었다. 가족에게 재산을 남기지 않았기에 부인 이혜련 여사는 청소와 삯바느질 등을 하며 자녀를 키우는 한편 독립운동에 헌신하고 1969년(85세)에 LA에서 별세, 1973년 도산 묘의 도산공원 이장 시에 합장되었다. 2008년 건국훈장 애족장이 추서되었다.

장남 필립(1905~1978)은 부친을 대신하여 가장으로서 집안을 돌보며 영화배우가 되었다. 도산이 잠시 미국에 돌아왔을 때 "영화도 예술이다. 기왕이면 네가 할 수 있는 한 최고가 되어라"라고 격려했다. 그는 할리우드 '명예의 거리'에 이름이 새겨질 정도로 미국에서 성공한 최초의 한국계 배우가 되었다. 부친 일로 한국에 여러 번 다녀갔다.

차남 안필선(1912~2001)은 UC버클리(캘리포니아대 버클리캠퍼스)에서 화학을 전공하고, 하워드휴즈 항공사 부사장 및 공장장을 지냈다. 방위항공산업계에서는 아시아계 미국인의 선구자로 불리고 있다.

장녀 안수산(1915~2015)은 샌디에이고주립대를 졸업하고 전쟁에 참전, 동양인 최초의 해군 장교가 되고, 1946년 대위로 전역했

위) 필영, 필립, 필선
아래) 수라, 이혜련, 수산

다. 국가안보국(NSA)에서 비밀정보요원으로 일하며 300여 명의 요
원을 거느린 러시아 부문 책임자까지 지냈다. 2016년 5월 미국 잡
지 '타임'은 안수산을 '미국 역사에서 잘 알려지지 않은 이름 없는
여성 영웅(Unsung Women)'으로 선정했다.

차녀 안수라(1917~2016)는 남가주대학을 1948년에 졸업하
고, 당시 경제적으로 어려웠던 가족을 위해 가족 사업으로 파노
라마 시에서 유명배우인 오빠 필립의 이름을 따서 「Phil Ahn's
Moongate(月宮)」라는 중국식당을 1954년에 열고 1990년까지 경
영하며, 흥사단과 대한인국민회 등 한인 사회의 교류와 재정에 기
여했다.

3남 안필영(1926~)은 도산이 미국을 떠난 후에 태어나 부친의
얼굴을 보지 못했다. 고교에서 체육 교사로 근무했다. 90세가 넘은
고령의 나이에도 부친을 위한 기념사업, 대한인국민회 활동, 교포
청년에게 역사를 가르치는 일에 앞장서고 있다. 2019년 대한민국
임시정부 수립 100주년을 맞아 해외 거주 애국지사 후손들과 함께

한국을 방문했을 때 도산공원에 있는 부모님을 찾아뵈었다.

LA 지역에는 '도산 안창호 우체국', '도산 안창호 광장(거리)', '도산 안창호 기념 인터체인지' 등 도산의 업적과 정신을 기리는 기념물이 곳곳에 있다. 리버사이드 시는 1904년부터 도산이 오렌지 농장에서 일하며, 농장주의 권유로 직업소개소를 차려 한인의 직업 알선을 하여 한인 타운이 형성되었던 곳이다. 시청 앞 광장에는 2001년에 건립된 도산 안창호 동상이 서 있고, LA 코리아타운 6가와 하버드 길모퉁이에 있는 우체국의 벽에는 '도산 안창호 우체국'이라는 영문 표지가 붙어 있다. 그리고 남가주대학(USC) 캠퍼스에는 USC한국학연구소가 입주한 '도산 하우스(Do San Ahn Chang Ho Family Home)'가 있고, LA에 1938년에 건립된 대한인국민회 총회관 건물은 1974년 LA한인연합장로교회가 매입해 2003년 현재의 대한인국민회기념관으로 복원됐다.

또한 2018년 캘리포니아주 의회 하원과 상원은 만장일치로 도산의 생일인 11월 9일을 '도산 안창호의 날(Dosan Ahn Chang Ho Day)'로 정하여 매해 LA에서 기념행사가 열리고 있다. 외국인의 탄생일을 기념일로 제정한 것은 최초의 일이다.

※ 찾아가는 길
관리사무소 위의 사진이 걸린 장식가벽 좌측으로 20여 분 가면 나오는 지석영 연보비를 지나 아사카와 다쿠미 묘가 나오면 묘 옆길로 올라간다. 능선 바로 밑에 큰 비석이 보인다. 빠른 길은, 유명인사 사진가벽 우측으로 가서 '사잇길입구'로 올라가면 15분 후 능선이 나오는데, 능선 좌측 아래에 보인다.

망우리 언덕의 십자가

도산 안창호의 영원한 비서

태허 유상규

(太虛 劉相奎 1897~1936)

도산의 우정을 그대로 배운 사람이 있었으니 그것은 유상규였다. 유상규는 상해에서 도산을 위해 도산의 아들 모양으로 헌신적으로 힘을 썼다. 그는 귀국해 경성의학전문학교 강사로 외과에 있는 동안 사퇴 후의 모든 시간을 남을 돕기에 바쳤다.　-연보비

망우리공원에는 단지 유명인사가 있다는 것에 그치는 것이 아니라, 유명인사 간의 생전의 인연을 사후에도 그대로 보여주는 곳이 적지 않다. 답사객이 그 어느 곳보다 가장 크게 감동받는 스토리가 여기에 있다.

동락천 약수터 오른쪽에 애국지사 태허 유상규의 연보비가 있다. 연보비는 앞면에 고인의 말을, 뒷면에 연보를 새겨놓은 큰 돌을 말한다. 중랑구청은 1997~1998년에 독립지사 위주로 15개의 연보비를 세웠다. 이 사업은 망우리묘지가 역사문화공원을 향하는 첫걸음이 되었다.

두서의 글은 춘원 이광수가 쓴 『도산 안창호』에 나온 문장을 그

대로 옮긴 것이다. 당시 보훈처나 흥사단에 의뢰해 고인의 글을 찾고자 했으나 여의치 않자 어쩔 수 없이 춘원의 글을 올렸다. 연보비를 잘 보면 글자에 새로 검게 덧칠한 흔적이 보인다. 원래 글자가 희미해 잘 보이지 않는 것을 고인의 차남 유옹섭 선생(1933~2014)이 별세 몇 년 전에 새로 칠한 것이다.

유옹섭 선생은 생전에 부친에 관련된 글을 찾아 독립지사 서훈도 신청하고 부친의 전기도 출간했다. 연보비 설치 전에 고인의 글을 찾았더라면 고인의 말이 새겨졌을 것이다. 애국지사 서훈을 받은 후에 새로 세워진 비석의 뒷면에는 약력이 간략하게 새겨져 있다.

공은 1919년 3·1운동 후 경성의학전문학교를 중단하고 상해 임시정부 교통국 및 국무총리 도산 안창호 비서 근무. 1920년 흥사단 입단 활동함. 인재가 필요한 민족이니 고국에 돌아가 학업을 마치라는 도산의 권고로 1924년 귀국 (1925년) 복학하고 수양동맹회, 동우회에서 독립운동을 계속함. 1927년 경의전 수료 후 동외과 강사 근무 중 졸. 당 40세임. 1990년 8월15일 건국훈장 애족장 추서

3·1운동 후 상해로 망명

유상규는 1897년 평북 강계읍에서 태어났다. 부친 유영성은 일본 유학을 다녀온 지식인이었으나 이렇다 할 활동을 남기지 않았다. 조부 유신진은 유명한 한의사로 대궐에서 부름을 받을 정도였으나 건강 때문에 가지 못했다는 일화가 전해지며, 강계 상무회의 회장을 지냈다. 모친 신영일은 남편을 대신한 집안의 기둥으

로 주경야독으로 글을 깨우치고, 전통적인 유교의 틀을 벗어나 개신교로 바꾸고 열렬한 기독교 신앙생활을 하였다. 형은 유상우(1894~1948), 동생은 유상하(1904~1950)이다.

장남 유상우는 약종상 면허를 취득하여 약국을 경영하였다. 3·1운동 때 강계군에서 독립만세운동을 주도하고 6개월의 옥고를 치렀으며, 다시 1920년 상해임시정부 연통제의 평북 강계의 참사로 활동하다 체포되어 10개월의 옥고를 치렀다. 이후로도 강계공립보통학교 동창회장과 강계청년수양회 회장, 강계읍회 의원 등을 지내며 지역의 지도자로 헌신했다. 2007년에 건국훈장 애족장이 추서되었다.

동생 유상하는 1925년에 배재중학, 1930년 경성고공 건축과를 졸업하고 경성부 영선과에 근무했다. 해방 후 이화여대 영선과에서 강의하고 이화여대 과학관을 설계했다. 조선건축기술단(대한건축학회)의 기틀을 세우고 상무이사로 재직하다 6·25 때 인민군에게 총살당했다.

유상규는 3년간 서당을 다닌 후 1908년에서 1912년까지 명신소학교를 다녔다. 명신학교는 강계읍 장로교회가 1904년 설립한 강계 최초의 근대교육기관인데, 강계교회의 집사이며 학교의 설립자인 유지 이학면은 후에 유상규가 경성에서 향우회 모임 때 만나 결혼한 이애신(1902~1990, 이화학당 사범과 졸)의 부친이다.

미션스쿨인 명신학교와의 인연으로 유상규는 1912년 단신 상경하여 언더우드가 설립한 경신학교에 입학, 1916년 3월 11회로 졸업하고 경성의전(현 서울대 의대) 1기생으로 입학했다. 경성의전

수석 졸업생으로 백병원 설립자인 백인제는 입학 동기로, 태허의 사촌여동생과 결혼해 사돈간이고 흥사단 활동도 함께한 친우이다. 그리고 3·1운동 후 독일로 망명한 이미륵(2기생)도 유상규와 친했는데, 이미륵의 저서 『압록강은 흐른다』의 전반부에 '상규'가 이미륵을 은밀히 불러내어 거사 참여를 권유한 내용이 나온다.

3학년이 끝나가는 1919년 3월 1일, 이미륵의 증언처럼 태허는 주도적으로 시위에 참여했으나 체포를 피해 상해로 망명하였기에 경찰의 조서에 독립운동의 기록이 나타나지 않았다. 이는 애국지사 서훈이 늦어진 이유의 하나가 되었다.

상해로 망명한 태허는 5월에 상해에 도착한 도산 안창호의 비서가 되고 1920년에는 흥사단에도 가입(116번)했다. 입단 서류에 종교는 예수교 장로파, 가입단체란에는 중앙기독교청년회(YMCA)라고 기입하였다.

태허는 "어머니를 만나기라도 할 듯이 그곳 상해에 갔었는데 도산 안창호를 만났으며, 그를 일생 동안 섬기는 것이 자신의 포부였다"고 후에 쓴 「방랑의 일편」에서 회고하였다.

도산의 옆방에서 자며 주야로 도산을 보좌하는 한편 임시정부 산하의 인성학교에서 교사로 일했다. 그러나 임시정부는 도산의 노력에도 불구하고 파행이 지속되었다. 이를 타개하고자 도산은 국민대표회의를 개최했지만 그것도 결렬, 마침내 도산은 이상촌 건설사업을 추진하기 위해 상해를 떠나게 되었다. 도산은 태허에게, 우리는 인재가 필요한 민족이니 다시 고국으로 돌아가 학업을 계속하라고 권고했다.

상해를 떠나는 도산을 역에서 배웅한 태허는 눈앞이 캄캄해지는 좌절감에 빠졌다. 고민 끝에 태허도 1923년 6월에 상해를 떠났는데, 고국으로 귀국하기 전에 몸으로 현실 사회를 체험하고자 일본으로 향했다. 나가사키를 거쳐 오사카로 가서 건설 현장의 막일꾼, 비누공장 직공으로 일하다가 일본 황태자(후의 히로히토 천황) 결혼 전의 불온분자 검거 때 갑자기 자취방에 들이닥친 형사에게 연행되어 22일간 구류 처분을 받고 강제 귀국 조건으로 석방되었다.

의학을 통한 민족 계몽

1924년 2월에 귀국하여 1925년 경성의전에 복학, 입학 동기보다 7년 늦은 1927년에 졸업했다. 재학 중에는 이광수와 함께 동우회의 재건과 발전을 위해 활동하여, 1926년에는 심사부 임원 등의 요직을 맡았다.

졸업 후 경성의전 부속병원 외과의사 및 학교의 강사, 축구부 감독으로 일하면서 동아일보사 주최 강연회에 꾸준히 연사로 참석해 의학적 계몽활동을 계속했다. 1930년에는 조선의사협회 창설을 주도했는데 발기인대회에서 사회를 맡았고(중외 1930.02.22.), 이후 핵심 간사로 중심적 역할을 했다(조선 1935.10.14.). 또한 『동광』이나

『신동아』, 『조광』 등에 많은 글을 실었다.

태허는 점진적인 독립운동이 중요하다고 주장한 도산의 독립사상을 이어받아, 의학으로 민족의 건강을 돌보는 공중위생 계몽을 실천했다. 그는 치료비를 받지 않는 왕진에도 열심이었고, 휴가 때도 친구의 병간호를 할 만큼 마음이 따뜻한 사람이었다. 그러나 환자를 치료하던 중 세균에 감염되어(丹毒, 연쇄상구균감염증) 1936년 7월 18일 세상을 떠났다.

태허는 죽을 때까지 도산의 독립 노선을 헌신적으로 실천한 대표적인 지사였으며, 예수님이 열두 제자를 보내면서 병자를 고치라고 한 말씀(마10:8)을 의사로서 그대로 실천한 기독교인이었다. 그의 장례는 마침 대전에서 출옥해 국내에 체재 중이던 도산이 주관했다.

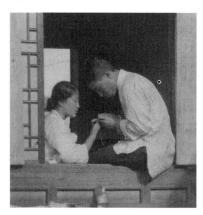

1927년 부인과 함께

태허가 세상을 떠난 후 부인은 30세 청상과부의 몸으로 평생을 기독교 신앙에 의지하며, 삯바느질과 하숙을 치며 어렵게 두 아들을 키웠다. 부인은 어린 웅섭을 데리고 도산의 병문안을 간 적도 있었다. 유웅섭 선생이 필자에게 보여준 오래된 사진에는 도산과 흥사단원의 모습이 있고, 네 살의 웅섭 어린이는 사진 맨 앞줄에 서 있었다. 그리고 본인 이름의 옹(翁)자는 도산의 다른 아호 '山翁(산 할아버지)'에서 따왔다는 것도 나중에 알았다.

2007년 12월, 그는 독립기념관의 도움을 얻어 찾은 부친의 원고와 집에 보관 중인 미발표 원고 일부를 묶어 전기『애국지사 태허 유상규』(흥사단)를 출간했고, 이후에 새로 나온 의학계 연구 자료를 추가하여 2011년『도산 안창호의 길을 간 외과의사 – 태허 유상규』(더북스)를 출간했다.

책 속에 많은 글이 있는데, 「방랑의 일편」은 고인이 일본으로 건너가 막노동을 하며 겪은 일을 적은 수기 형식의 글로, 당시 일본에 간 조선노동자들의 삶이 리얼하게 묘사되어 있다. 또한 1931년 23호에 실린 「피로 그린 수기, 젊은 의사와 삼투사」, 1931년 29호와 30호에 쓴 「의사평판기」는 당시 의학계를 엿볼 수 있는 소중한 자료이기도 하다.

『동광』 29호에 쓴 글귀가 의미심장하게 다가온다.

"우리 조선 사람은 위인 혹은 세계적 위인이라면 곧 정치가를 연상한다. 더군다나 근일의 신사조로 인해서 위인과 영웅의 의미를 혼동해서 민중시대에 모순되는 것으로 여겨 위인을 부정하려는 경향까지도 보인다. 이렇게 문화적으로 뒤떨어진 사상환경 속에서 과학적 위인, 그야말로 인류 영겁에 행복을 주는 위인이 자라나긴 고사하고, 싹트기도 바라기 힘들다고 보는 것이 당연하지 않을까."

정치가만이 위인이 아니라는 말이다. 각 분야에서 각자 최고의 실력을 연마해 그것이 자기실현에 그치지 않고 나라에 보탬이 되도록

하는 자는 모두 위인이라 할 수 있다. 2020년에 발생한 코로나 바이러스 사태 시에 우리는 의학계 종사자의 위대성을 절절히 느꼈다.

국내 흥사단 조직인 동우회는 '수양단체를 가장한 독립운동' 혐의로 1937년 대거 구속됐는데, 이때 붙잡힌 도산은 서대문형무소에서 옥고를 치르다 병환을 얻어 경성제대부속병원에 입원했다가 1938년 3월 10일 60세로 운명했다. 도산의 시신은 망우리공원 유상규의 묘지 바로 오른쪽 위에 묻혔다.

예전에 태허의 무덤 오른쪽 위로 올라가면 도산의 묘는 오간 데 없고 묘가 있던 자리임을 알리는 묘지석만 남아 있었다. 앞면에 '도산 안창호 선생 묘지(墓址)', 뒷면에는 '1973년 11월 10일에 이 지점에서 서울특별시 강남구 압구정동 도산공원 내로 이장'.

필자는 태허 관련 자료를 찾다가 도산 안창호 선생이 망우리묘지에 묻힌 사연을 발견했다.

뒤늦게 밝혀진 도산의 유언

… 도산은 돌아가기 전 며칠 전에 이런 말씀을 하였다.

"나 죽거든 내 시체를 고향에 가저가지 말고."

"그러면 엇더케 할래요."

"달리 선산 가튼데도 쓸 생각을 말고."

" … "

"서울에다 무더 주오."

" … "

"공동묘지에다가… 유상규군이 눕어잇는 그겻 공동묘지에다가 무더주오."

… 유상규란 경성의전 청년 교수로 상해 당시부터 도산의 가장 사랑하든 애제자인데, 그만 연전에 서울서 작고하였다. 그날 장례식은 춘원이 주재하였다.

- '도산의 임종, 서울공동묘지에 묻어달라는 일언(一言)이 세상에 끼친 유언' 『삼천리』

병석의 도산을 만난 홍사단원 선우훈도 같은 증언을 남겼고, 1969년 11월 6일 조선일보의 「인물로 본 한국학〈39〉」에서도 강계 지역의 인물을 소개하면서 맨 마지막에 "안창호가 자기 곁에 묻히길 원했고, 현재 그렇게 묻혀 있는 수제자 유상규"라는 글이 나온다.

하지만 도산공원 이장 즈음, 도산이 이런 유언을 했다는 사실을 말하는 사람은 없었다. 1973년 정부는 서울 강남에 도산대로를 만들고, 도산공원도 만들어 도산의 묘를 망우리묘지에서 이장했다. 국립묘지에 모시는 것보다 더 큰 예우인 것은 맞다. 유옹섭 선생도 부친의 자료를 정리하던 중 이 사실을 접하고 깜짝 놀랐다. 민족의 지도자 도산 안창호를 격에 맞게 잘 모시게 된 것이라 볼 수 있지만, 어찌됐든 결과적으로 도산은 자신의 희망과는 관계없이 다른 곳으로 이장된 셈이다.

도산과 태허가 혈연의 부자지간과 다름없었음을 알 수 있는 글이 또 하나 있다. 홍사단 동지 장리욱이 지은 『도산의 인격과 생애』에는 다음과 같은 글이 나온다.

1부 겨자씨 한 알의 믿음

"유상규 의사는 도산을 스승으로만이 아니라 분명히 어버이로 모셨다. 도산 앞에서의 행동거지는 물론이지만, 도산의 신상 모든 일에 대해서 갖는 유군의 그 세심한 정성은 훌륭한 '효자' 바로 그 것이었다…."

필자가 2007년 말 인터뷰를 위해 유옹섭 선생을 처음 만났을 때, "마침 지난주에 보훈처에서 대전 현충원 이장 허가가 나왔다"는 말을 들었다. 필자는 이렇게 말했다.

"선생님, 부친이 독립지사로서 현충원에 가시는 것은 영광스런 일입니다만, 만약 부친이 그곳으로 가시면 도산 선생과는 영원히 이별하시게 되는 게 아닐까요?"

유옹섭 선생은 곰곰이 생각에 잠기는 듯했다. 다음 주에 전화가 왔다.

"김 작가! 현충원 이장을 취소했소. 부친의 뜻은 망우리 그 자리에 계시는 것이라 생각하오. 망우리가 제일 좋은 자리 같소."

43년만의 귀환

그 후, 유옹섭 선생은 평소 제대로 관리되지 않아 넝쿨과 잡초가 무성한 도산 묘터의 성역화를 위해 힘썼다. 부친 묘소의 벌초 때 도산 묘터도 벌초했지만, 평소에는 늘 초라한 도산의 묘터가 안타까웠다. 부친과의 관계를 떠나 민족의 위인 도산의 묘터가 이렇게 방치되어서는 안 되는 것이다.

2011년 유옹섭 선생은 미국에 있는 도산의 장녀 안수산 여사

(1915~2015)의 편지까지 받아 서울시에 전달하였다. 마지막 부분을 한글로 옮긴다.

"저는 97세입니다. 저의 소원은 아버님을 기리기 위해 망우리 묘터를 복원하는 것입니다. 제 소원이 이루어지도록 도와주시기 바랍니다."

그러나 서울시로부터는 "봉분의 복원은 불허하나 기념물은 괜찮다. 그런데 유감스럽지만 올해 예산이 없다. 후일을 기약하자"라는 대답만 들었다.

차남 유옹섭 선생

유옹섭 선생은 경기중학을 거쳐 6·25전쟁 때 공군에 입대, 1976년 공군 시설감(준장)으로 제대했고, 대림산업을 거쳐 표준건축사사무소의 대표 건축사를 지냈다. 적잖은 재산도 갖고 있고, 아들 둘은 교수와 의사로 성공했다. 본인이 직접 돈을 들여 할 수도 있다.

하지만 이러한 일은 사회가 뜻을 모아서 해야 한다고 생각하여 이제나저제나 때를 기다리다 2014년 8월에 암으로 별세했다. 별세 몇 달 전에 만났을 때, 한동안 아팠다고 하시며 "앞으로 종종 찾아오라"고 하시던 말의 속뜻을 필자는 뒤늦게 깨달았다.

필자는 유옹섭 선생의 유지를 이어받아 도산 묘터의 복원 방안을 모색하던 중, 첫 번째의 석비 외로 1955년에 건립되어 1973년 도산공원으로 옮겨진 비석이 있다는 사실을 알게 되었다. 9척 비석이 도산기념관 지하 통로에 보관되어 있었고, 도산공원의 묘 앞에

태허 유상규의 묘

는 부인 이혜련 여사의 이름도 함께 한글로 새겨진 비석이 세워져 있었다.

　필자가 2015년에 구비석의 이전 제안서를 서울시에 제출하고 한국내셔널트러스트의 김금호 국장이 관계기관과의 조율에 발 벗고 나섰다. 마침내 도산기념사업회의 양해를 얻은바, 서울시는 2016년 3월 1일, 비석을 망우리 그 자리에 이전하고 한국내셔널트러스트·서울시·도산기념사업회·흥사단 등 관계자들의 참석 하에 제막식을 거행하였다.

　이는 당시 서울시설공단 오성규 이사장의 적극적인 지원에 힘입은 바 컸다. 지면을 통해 다시 한 번 감사를 전한다.

　도산의 유해는 도산공원에 계시지만, 도산의 피와 살은 이 땅에 스며들어 있으니 도산은 이곳에도 계시는 것이다. 그리고 고인의

망우리 언덕의 십자가

말을 담은 비석(금석문)은 유해만치 소중하다.

이곳을 떠난 지 43년 만에 귀환한 도산의 비석이 태허의 묘 위에 우뚝 서 있다. 쓸쓸히 망우리 그 자리를 지키던 제자 유상규 선생에게 조금이나마 위안이 되었을 것인가.

앞으로 도산 묘역의 정성스런 성역화를 통해 겨레의 위대한 지도자에 대한 합당한 예우를 갖추고, 이곳에 남은 두 분의 아름다운 인연 이야기가 더욱 널리 알려지기를 기대한다.

우리는 망우리 곳곳에서 고인들 사이의 의리를 보게 된다. 그래서 망우리는 '망의리(望義理)'이기도 하다.

※ 찾아가는 길
도산 안창호 비석 앞에서 한강을 바라보면 바로 오른쪽 아래에 있다.

도산의 조카사위 · 흥사단원

애국지사 김봉성

(金鳳性 1900~1943)

도산 묘터의 오른쪽에는 도산의 조카사위 김봉성의 비석이 서 있다. 김봉성은 도산의 형 안치호의 사위다.

안치호의 장녀이자 김봉성의 부인인 안맥결은 숭의여학교를 나오고, 도산이 세운 남경 동명학교에서 영어를 배우고 다시 귀국하여 중앙보육학교를 나왔다. 해방 후 1946년 5월 미군정 경무부에서 여경을 모집하자 여경 조사부 주임으로 채용되어 1952년 서울시여자경찰서장(경감), 1954년 치안국 여성계장(총경), 1957년 경찰전문학교 국어와 영어 담당 교수를 지내고 1961년 퇴직했다. 슬하에 2남 1녀를 남기고 1976년에 별세했다. 1919년 10월 숭의여학교 독립만세운동과 1937년의 수양동우회 사건의 옥고로 2018년에 건국포장을 받았다.

김봉성은 도산 안창호와 같은 평남 강서군에서 김득준의 1남 1녀 중 외아들로 태어났다. 1917년 선천 명천소학교를 졸업하고 신성학교(信聖學校) 3학년 때인 1919년 3월 1일 선천군에서 전개된 만세시위에 주도적으로 참여하여 2005년에 건국포장을 받았다.

◀ 김봉성
안맥결 ▶

　민족대표였던 이승훈은 신성학교 성경교사 홍성익에게 3월 1일 신성학교 학생들을 동원하여 만세시위 전개를 부탁하였고, 홍성익은 동료 교사인 김지웅 등과 연락을 취하며 만세시위 계획을 추진하였다. 당시 신성학교 3학년 김봉성은 김지웅의 지시에 따라 선배 및 동급생과 함께 동경 유학생이 발표한 2·8 독립선언서를 등사하는 한편, 시위 현장에서 사용할 태극기도 대량으로 제작하였다.

　3월 1일, 정오의 기도회 시간이 되어 전교생이 모인 가운데 홍성익 선생이 등단했다. 예배를 인도하지 않고 돌연 말하길 "오늘 우리가 무엇을 해야 하는지 학생들은 알고 있는가?"라고 질문했다. 아무도 대답하지 않았다. 그는 호주머니 속에서 태극기를 꺼내 펼쳐서 칠판에 붙이고 손가락을 깨물어 흐르는 피로 태극기에 '대한독립만세'라고 크게 썼다. 학생들은 "선생님, 알겠습니다!"라고 외쳤다. 장내는 굳은 결의의 감격이 넘쳤다.

　모두 밖으로 나가 교문 앞에 대기하다가 2시 정각 학교 종소리를

신성학교 체육대회 체조 모습

신호로 학생들은 일제히 교문을 뛰쳐나갔다. 사전 연락에 따라 자매학교인 보성여학교(현 보성여고) 학생들도 동참하였다. 학생들이 천남동 시장에 도달할 무렵 시민들도 동참하여 시위 군중은 1천 명에 달하였다. 시위대는 군청과 경찰서를 행진하며 만세 시위를 벌였다. 이때 선천수비대와 경찰이 출동하여 발포를 감행, 다수의 사상자가 발생하여 시위 군중은 해산할 수밖에 없었다.

선천의 3·1운동을 이끈 신성학교는 현재 안양 신성중고로 존속하고 있다. 최근 가수 김종국이 졸업한 학교로 갑자기 유명해졌는데, 졸업생으로 백낙준, 장준하, 계훈제 등이 유명하다.

그날의 시위로 인해 김봉성은 일경에 체포되어 1919년 6월 3일 평양복심법원에서 소위 보안법과 출판법 위반으로 징역 2년을 선고받았다. 그는 이에 불복하여 고등법원에 상고하였다. 상고 취지에서 일본이 내세우는 기만적인 동양평화의 허구성을 질타하고, 일제의 식민통치 잔학상을 지적하였다. 또한 일본인의 한국인에 대한 부당한 대우를 비판하는 한편, 2천만 동포는 죽음으로 혈전을 통하여 독립을 쟁취할 것임을 역설하였다. 그러나 7월 12일 상고가 기각되어 옥고를 치렀다.

망우리 언덕의 십자가

1921년 신성학교를 졸업하고(13회) 동경으로 유학하여 1924년 주오(中央)대학 정치경제학과를 졸업하였다. 1927년 3월에 미국으로 건너가 남가주대학 경제학과에서 수학하였다. 1930년 시카고 조선인기독교감리교회에서 변준호의 권유로 흥사단에 가입하여 활동하고, 1931년 11월 14일 시카고학생회가 한인교회에서 주최한 만주 문제 토론회에서 연설하였다. 1933년 이민법 규정 외 노동 종사를 이유로 동년 1월 30일 강제 출국을 당했다.

귀국 후에는 선천읍 김영도의 집에서 개회된 동우회 선천지방회에 가입하고 활동하였다. 1933년 12월부터 1935년 12월까지 동아일보 선천지국 기자로 활동하였고, 1934년 3월 선천회관 초대 총무를 맡았다. 1934년 3월 평양 남문밖교회에서 안맥결과 결혼식을 올리고, 부부는 함께 안창호가 세운 점진학교의 교사로 근무했다. 1937년 동우회 사건으로 구속되고 1938년 8월 1일 보석으로 석방되었다.

그 후, 취업이 어려운 상황에서 화신 백화점 사장 박흥식의 도움으로 총무과에서 일했다. 친일파로 널리 알려진 박흥식은 반민특위에서 의외로 무죄를 선고받았다. 박흥식은 우가키 총독을 찾아가 도산의 석방을 요청했고, 출옥한 도산

김봉성 수형사진

을 자신의 집에서 한동안 모셨으며 이후에도 생활비와 치료비를 대주는 등의 지원을 계속했다. 도산의 별세 후에는 망우리 장지까지 따라다니며 뒷바라지까지 하였는 바, 이는 도산의 조카 안맥결 등

2부 겨자씨 한 알의 믿음

다수의 증언으로 확인되었다. 물론 그것이 모든 친일 행적을 덮을 수는 없지만 도산을 도운 것은 엄연한 사실이고, 김봉성이 그의 배려로 일자리를 얻었던 것도 사실이다.

김봉성은 1943년 12월 18일, 연탄가스 중독으로 8세의 딸 김자영과 함께 사망해 도산의 오른쪽에 묻혔다.

차남 김선영(1939~) 선생은 2016년 3월 1일의 도산 구비석 이전 때 한국에 있는 유일한 도산의 유족 자격으로 제막식에도 참여했다. 그러나 망우리의 부친 묘는 그동안 이장하지 않았지만 유족 입장에서는 국가나 지자체가 망우리 묘를 관리해 주는 것도 아니며, 앞으로 묘를 돌볼 후손도 없기에 어쩔 수 없이 2016년 가을, 부친을 서울현충원 납골당으로 모셨다. 필자로서는 아쉽지만 존중할 수밖에 없는 일이다. 김선영 선생은 이장을 한 자리에 비석을 남겨 두었다.

국가나 지자체는 늘 관리의 편이를 위해 국립묘지 이장만을 권해 왔는데, 2020년 3월 17일 '국립묘지의 설치 및 운영에 관한 법률'의 개정안이 의결되었다. 독립지사가 있는 망우리공원 등 전국에 산재한 합동묘역이 국립묘지에 준한 관리를 받을 수 있게 된 것이다. 이런 법률이 20여 년 전에 있었다면, 망우리의 독립지사 10여 분의 이장을 막을 수 있었을 것이다.

비석 뒷면에는 사망년이 소화18년(1943) 12월 18일이라 새겨져 있다. 그런데 해방 후 호적을 새로 만들 때, 사망년이 1945년 12월 18일로 기록되었다. 그래서 보훈처 공적조사 등 모든 자료에는 그렇게 기록되어 있다.

망우리 언덕의 십자가

애국지사 지원에 관한 법률에 따르면, 1945년 8월 15일 전에 사망한 애국지사는 손자녀 1명까지 연금이 나오고, 그 후에 사망한 애국지사는 자녀에게만 나온다. 김선영 선생은 사망년의 정정을 위해 자료를 보훈처에 제출했지만, 공적 근거 자료 부족으로 기각되었다.

당시 많은 기자들이 흥사단원이기도 하니 김봉성의 부음 기사가 실렸을 법한데 공교롭게도 당시 동아, 조선 등 모든 민족 신문이 1940년 8월 10일부터 폐간된 상태였다. 관리사무소가 보관중인 묘적부도 1942~1943년분은 통째로 없다고 한다.

비석에 사망 년을 소급하여 적는 경우가 있을까. 비석에 글을 새길 때 공증을 받아 두어야 하나?

※ 찾아가는 길
도산 안창호 비석 우측 30미터에 비석과 안내판이 있다.

향산 이영학

(香山 李英學 1904~1955)

香山李英學先生之墓 (향산이영학선생지묘)

선생은 4237년(1904) 3월 24일에 평안북도 선천군 선천면 창신동에서 나서 실업계와 사회사업에 허다한 공적을 남기고 4288년(1955) 11월 10일(양력 12월 10일)에 부천군 소사읍 오류리에서 별세하다. 단기 4289년(1956) 8월 추석 동지 일동　　　　　-비문

평북 선천은 일제강점기에 '한국의 예루살렘' 혹은 '한국의 시온성'으로 불린 한국 기독교의 성지였다. 잡지 『개벽』(1923.09.10)에 따르면, 당시 조선에서 기독교가 왕성한 순위는 인구수 비례로 선천, 재령, 평양, 경성의 순이었다. 선천은 읍내 인구의 반 이상이 교인인지라 5일장이 주일과 겹치면 장이 서지 못했다고 한다.

위트모어(N.C.Whittemore, 위대모, 1870~1952) 선교사가 1896년 선천에 파송되어, 선천의 첫 교인인 양전백(1870~1933)과 조규찬의 도움으로 1897년 선천 최초의 선천읍교회를 설립하였다. 양전백은 1907년 평양신학교를 1회로 졸업하고 한국 최초의 목

사 7인의 1인이 되어 위트모어의 동사목사(부목사)로 부임하였다. 1909년 3월에는 담임목사로 올라 선천 지역 개신교의 지도자가 되었다. 1916년 조선예수교장로회 총회장이 되었으며, 3·1운동 민족 대표로 참여하였다.

당시 교인이 2천 명 이상으로 늘어난 전국 최대 규모였기에 선천읍내를 가로지르는 장천(長川)을 경계로 1911년에 선천남교회를 새로 세우고 기존 교회는 '선천북교회'라 개칭했다. 김석창 장로가 평양신학교를 1911년에 졸업하여(4회) 선천남교회의 초대 목사가 되고 장로는 이창석, 이봉조, 홍성익 등이 추대되었다. 이창석이 바로 이영학의 부친이다. 초기에 예배당이 건립되지 않았을 때는 여신도는 이두찬의 집에서, 남신도는 이창석의 집에서 예배를 치렀다. 이창석은 선천교회 설립에도 참여했다.

그러나 계속 급증하는 신도를 두 교회가 수용하지 못해 1930년 북교회에서 선천중앙교회가, 1931년 남교회에서 선천동교회가 분립되었다. 그 밖에도 수많은 지(支)교회가 설립되어 선천은 개신교 선교 지역 중에서 가장 크게 기독교가 발달한 지역으로 유명해졌다.

교육기관으로 신성학교(1906), 보성여학교(1907), 의료기관으로 미동병원(1905)이 세워졌고, 선천 YMCA(1916), YWCA(1920)도 조직되어 활발한 사회사업과 계몽활동을 주도하였다. 그렇게 선천은 평북 지역의 선교 중심지로 발전하는 한편, 선천의 기독교인은 1911년의 105인 사건, 1919년의 3·1운동, 1937년의 수양동우회 사건의 주역으로 참가했다. 이러한 독립운동의 역사에서 우리는 이창석, 이영학 부자의 커다란 행적을 찾을 수 있다.

1부 겨자씨 한 알의 믿음

노블레스 오블리주의 3부자

부친 이창석(李昌錫 1859~1941)은 1920년 동아일보 창간 시 선천지국의 첫 지국장이었고, 형 이영찬이 2대(1921), 이영학이 3대(1928)였다. 이창석은 본래 가난한 집안에서 태어나 29세에 군(郡) 특선 무과에 급제했지만 관직을 한 기록은 없다. 농사로 번 돈으로 당시 상업이 번성한 선천에서 대금업으로 큰돈을 벌었다. 38세에 개신교인이 되고 선천남교회 장로였던 51세(1911)에 '105인 사건(데라우치 총독 암살미수사건, 신민회 사건)'으로 구속되어 재심에서 무죄로 방면되기까지 3년간 옥고를 치렀다.

105인(실형 선고자) 사건의 기소자 123인 가운데 종교로는 기독교인이 절대 다수이고, 지역으로는 평북 출신이 89명으로 가장 많았다. 평북은 선천의 신성학교 교사와 학생 외로 각 분야의 상공업자와 기독교인이 중심이 되었던 것이다. 그래서 105인 사건은 '선천사건'으로도 불린다.

이창석은 그 후 평북도 평위원 등 각 방면의 공직에 있으면서 사회교육사업에 진력하였는데, 주요한 것을 들면 다음과 같다.

역락고아원(1925), 선천유치원(1925), 창신양로원(1918), 보성여학교, 명신학교, 상업실수학교 등의 설립자나 이사장이 되어 재정을 지원하고, 지역의 재해 때마다 성금을 냈으며, 교회와 신성학교에 토지를 기부하고, 특히 선천회관 준공 시에는 토지 5만 평(시가 6만2천 원)을 기부하였다.

한편, 조선일보(1936.03.14.)는 이창석과 두 아들 3부자가 힘을 합해 많은 사회사업을 한 것으로 보도하고, 동아일보(1936.04.17.)

망우리 언덕의 십자가

선천회관과
부친 이창석

는 4월 15일 선천상업실수학교 개교식이 설립자 대표 이영학의 사
회로 거행되었다고 보도한 것으로 보아, 3부자의 재력이 선천 사
회의 발전에 크게 기여한 것으로 보인다. 이창석은 81세를 일기로
1941년 1월 19일 별세하여, 장례는 21일 선천회관에서 사회장으
로 거행되었다.

형 이영찬(李泳贊 1896~1959)은 신성중학을 졸업하고 1921년
동아일보 선천지국장, 동년 상공진흥회 선천지부 부회장이 되고
1923년에는 조선민립대학 발기인으로 참여하였다. 1927년 선천
전기주식회사 이사와 선천금융조합장을 비롯하여 1942년까지 송
림금은광을 경영하였는데, 이곳은 노동자 수백 명이 일하는 연간
산금액 30만 원에 달하는 광산으로, 업적이 나날이 진전되어 제련
소를 신축하였다(동아 1932.10.27.).

사업으로 번 돈을 여러 학교와 사회사업 및 재해의연금으로 기부하였으나, 1937년 중일전쟁 때 선천군사후원연맹에 상담역(고문)으로 참여하고 1944년 중추원 참의에 위촉되는 등의 친일 행적을 남겼다. 사업체를 접고 망명을 할 수도 산속에 들어갈 수도 없는 민족사업가에게는 피하기 어려운 운명이었던가.

단, 자신의 영달만을 위한 친일이었다면 1939년 신성학교 후원회장(조선 1939.03.07.), 1941년 평북 도회의원 때 보성여학교에 1만 원을 거액 기부한 기사(매일신보 1941.02.04.) 등은 나오지 않았을 것이라고 생각한다. 1949년 반민특위에 의해 기소되어 재판까지 받았으나 판결 기록은 없다. 1959년 6월 10일 부산시 용당동 자택에서 별세하였다.

선천 애국계몽활동의 주역

이영학은 신성학교에서 공부하다가 선천에서 가까운 정주의 오산학교로 전학하여 1922년에 졸업했다. 신성학교에 다닐 때 선천의 3·1운동에 참여하고 체포를 피해 정주로 피신한 것으로 보인다.

중국 남경에 미국 장로교 선교사가 1888년 설립한 금릉대학에서 2년 수학 후, 1924년 돌아와 황해도 재령의 장로회 학교인 명신학교의 교사를 지냈다. 1925년 4월 미국으로 건너가 로스앤젤레스의 모 하이스쿨에서 공부하다 5개월 만에 귀국, 태양상회(미국 텍사스 석유 총판)를 설립 운영하는 한편, 1925년 10월 24일에 동아일보 선천지국의 기자로 임용되었다.

1928년 3월 20일에는 지국장으로 임명되었는데, 그의 활약상은

망우리 언덕의 십자가

눈부시다. 1928년 7월 13일 신의주에서 열린 국경기자대회(남만주와 평북 일대 중심) 회장으로 피선되고, 1929년 7월 6일 선천체육회 창립 의원으로 참가하여 동년 7월 26일 제1회 전조선개인정구대회에 대회장 자격으로 우승기를 수여했다. 1929년 7월 30일에는 선천에서 열린 제5회 전조선정구대회의 대회장, 1930년 평북소년육상경기대회의 대회장을 지냈다. 1933년 8월 22일에는 선천군 신문기자단을 창설하고 회장에 피선되며, 선천 지역의 문화체육활동을 이끌었다.

특기할 것은 1935년에 4층 건물의 선천회관을 건립한 사실인데, 동아일보는 6년 동안 모은 선천지국 수익금 1만 원을 기초로 사재 2만 원, 의연금 1만 원까지 도합 4만 원 예산으로 시작한다고 착공 시에 보도했다. 하지만 당시 과연 신문사 지국에서 수익이 났을지 의문스럽다. 역시나 조선중앙일보(1935.01.11)는 회관 낙성식을 알리는 기사에 "이영학 개인이 일금 5만 원이란 거액을 들였다"고 하고, 매일신보(1934.12.13)는 "이영학이 6만 원을 희사했다"며 실상을 밝혔다.

그 밖에 1933년 신성학교 강당 건립 기금으로 1천 원을 기부, 1934년 오산학교 부흥 성금으로 500원을 기부했다. 1940년 광산기계 제작의 평안철공소를 설립한 기사가 보이나, 대규모의 사업에서는 부친의 도움이 큰 것으로 보인다. 부친의 도움을 받은 선천회관의 설립, 실업학교의 설립 등 그의 많은 사회활동은 동우회의 목적 사업을 실현한 것이기도 하다.

이영학은 수양동우회 사건으로 피체되어 고등법원에서 문명훤

(2006년 현충원 이장) 등 24명과 함께 '징역 2년에 집행유예 3년'의 선고를 받았다. 동사건 판결문의 이영학 관련 내용을 살펴보면, 이영학은 1924년 1월 중순 상해 흥사단 원동지부에서 흥사단에 가입하고, 다시 1월 말에는 경성 이광수 집에서 수양동우회에 가입한 이후, 누차에 걸쳐 이광수, 장리욱 등과 회원 모집과 활동 방안 등에 관해 협의를 하고 수행한 사실, 개인적으로 동우회 기관지《동광》을 출간하는 동광사에 100원을 기부한 사실, 그리고 선천의 목욕탕에 포스터를 붙여 민중을 선동한 사실 등이 적시되어 있다.

목욕탕 포스터 건에 대한 일경의 자료를 번역하여 소개한다. 경고특비(京高特祕) 제5078호, 경기도 경찰부장이 총독부 경무국장에게 보고한 3쪽짜리 기밀문서다.

-불온광고 취체(단속)에 관한 건-

평북 선천군 소재 한영 목욕탕 내에 게시된 선전 포스터 광고 중, 동아일보 선천지국의 신문 구독 선전문 중에 "장래 다가오는 신조선의 주인이고자 하는 자는 동아일보를 구독해야"라는 불온 자구를 발견, 조사한 바… 동우회 사건 관계자로서 종로경찰서에 신병 구속 취조 중인 동아일보 선천지국장 이영학의 작(作)임이 판명되어… 이영학을 취조한 바 '다가오는 신조선'이란 소화 4년(1929) 11월 23일 이후 동우회의 약법에 기재된 자구로 즉, '조선을 독립시켜 새로 건설해야 할 조선'을 의미한다고 진술하므로… 동우회의 활동이 얼마나 철저한 것인가를 엿볼 수 있는 것이므로 이에 통보함.

-사상에 관한 정보(부본)2. 1937.10.19 발신, 국사편찬위원회 사이트

서대문형무소 수형 시, 1937

최종심에서는 전원 무죄로 풀려났으나, 그동안의 고초는 말할 것도 없다. 수양동우회 회원들을 살펴보면 주로 변호사·의사·교육자·목사·사업가 등 당시 상당한 자산을 가진 민족주의자들로 구성되었는데, 특히 평양 및 선천 지역 회원들은 기독교 신자들로 그 지역의 민족 지도자들이었다. 선천의 지도자인 이창석과 이영학 부자는 각기 일제강점기의 두 가지 큰 독립운동 탄압 사건(신민회 및 동우회 말살)으로 옥고를 치렀던 것이다.

해방 후에는 건국준비위원회(위원장 여운형)의 제1회 위원회 개최를 위한 초청장 발송(135인)에 오세창을 비롯한 135명 중의 한 사람으로 이름을 올렸고, 다른 많은 동우회원과 함께 한민당 발기인으로 참여했다. 이후 남북의 분단으로 이북에서 고초를 겪다가 1·4 후퇴 시에 월남한 후 이렇다 할 사회활동 없이 지내다가 심장마비로 오류동 자택에서 1955년 12월 10일 영면했다.

『조선인사흥신록』(1935)에 부인은 강경신(1903)으로 이화여전 문과 출신으로 기재되어 있다. 한편, 김원모 단국대 명예교수는 동아일보(2009.09.22)에서 밝히길, 이광수의 창씨개명 가야마 미쓰로(香山光郎)의 '향산'은 단군조선이 창건된 묘향산에서 유래되었으며, 이광수가 이영학에게 향산이라는 호를 지어주었다고 하였다.

제1회 동우회 수양회(1931.08, 대동강)
1열 좌부터 이영학, 김병연, 이인수, 김동원, 이광수, 박선제, 유기준
2열 좌부터 김배혁, 조명식, 노준탁, 김윤경, 정재호, 백영엽, 유상규, 오익은
3열 좌부터 주요한, 김기만, 최능진, 이종수, 박원규, 장리욱, 채우병, 전재순, 김용장

　　비석의 '동지'는 흥사단우를 말하고, 이영학은 흥사단번 1095
이다. 서대문 형무소 수형 기록표를 보면 1937년 11월 1일부터
1939년 2월 15일까지 도합 472일이나 옥고를 치렀다. 흥사단 동
지로 죽어서도 망우리 도산 선생 주위에 함께 모인 유상규, 김봉성
은 모두 독립지사 서훈을 받았는데, 이영학 선생은 직계 유족이 없
어서인지 아직껏 서훈을 받지 못했다.

　　더구나 흥사단의 과거 기록을 보니 70년대 말에 이영학 단우의
묘를 발견하여 계속 돌보고 있다고 했는데, 최근 흥사단 내에서도
세대교체가 이루어지는 과정에서 묘역 관리마저 끊긴 듯 2018년에

◀ 앞면
뒷면 ▶

묘가 발견된 시점에는 봉분에 나무도 자라 오랫동안 황폐한 상태였다. 2019년부터 중랑구 지역민으로 결성된 기억봉사단이 이영학 선생의 묘를 돌보기 시작한 것은 그나마 다행이지만, 지속적인 관리나 정비에 관해서는 아직 이렇다 할 대책이 없다.

※ 찾아가는 길
도산 안창호 묘 터 뒤의 능선 길 건너에 멋진 전서체의 비석이 서 있는 묘소다. 전망대에서 용마산 방향으로 이인성 묘를 지나 우측 안쪽에 있다.

한글을 연구한 애국지사

지기 문명훤

(知期 文明煊 1892~1958)

예수께서 가라사대 나는 부활이요 생명이니 나를 믿는 자는 죽
어도 살겠고 무릇 살아서 나를 믿는 자는 영원히 죽지 아니 하리라.

- 요한복음 11장 25, 26절

위의 글은 비석의 옆면에 새겨진 내용이다. 문명훤은 평남 맹산
군에서 출생했다. 어려서 한문을 공부하고 평남 순천군 광명학교를
졸업하였다. 일본인 교사의 관청 취직 권유를 거부하고 가창리의
사립 의인학교 교사가 되었는데, 이때부터 일경의 요주의 감시인물
이 되었다. 1910년 한일합병 후 일경의 지속된 사퇴 압박으로 학교
를 의원사직하고, 농업(관개사업)에 종사하다가 1914년 중국으로
망명하여 항일투쟁 방략을 모색하다 병을 얻어 귀국하였다.

고향에서 광산업에 종사하며 자신과 나라의 미래에 반드시 종교
가 필요하다고 생각해 여러 종교를 두루 공부하였다. 마침내 1919
년 1월 1일부터 기독교 신자가 되어 이웃 마을에서 영수(인도자)를
초빙하고, 교인을 모아 자신의 사랑방에서 예배를 보기 시작했다.

1919년 3·1운동이 일어나자 맹산에서 시위를 주동한 후, 다시 상해로 건너가 1920년 4월 14일 임시정부 내무부의 서기가 되었다. 미국 유학을 위해 임시정부를 사직하고 1920년 6월 18일 상해를 떠나 8월 11일에 프랑스에 입국하여 몽바르의 철관 공장에서 일하다가 르아브르로 가서 조선소에서 일했다.

비문의 연보에는 "1920년 8월에 불란서로 망명과 일황태자 암살 기도"라고 새겨져 있는데, 일본 자료를 살펴보니 일본 황태자(후의 히로히토 천황) 일행은 프랑스에 1921년 5월 31일에 입국하여 6월 9일에 떠났다. 문명훤의 자서전에 따르면, 당시 신문을 통해 일본 황태자 입국 소식을 알게 된 한국 청년들은 러시아에서 온 아무개를 거사자로 정하고 자금을 모아 파리로 파견한 후, 거사 후의 피신 방법까지 준비하고 대기하였으나, 정보 부족이었는지 거사자는 황태자의 얼굴도 못 보고 돌아왔다.

르아브르 항구에 정박중인 미국 상선의 선원으로 취직하여 1921년 7월 20일 미국으로 떠났다. 텍사스주 갤버스턴 항구에 도착했을 때 비자가 없어 하선하지 못하자, 한밤중에 몰래 배에서 밧줄을 타고 내려와 밀입국하였다(8월 16일). 근처 농장에서 일하다가 샌프란시스코로 가서 노동으로 학자금을 벌어 30세의 나이에 갈릴레오 하이스쿨 3학년에 편입하였다.

특기할 것은, 당시에도 미국의 고교는 자신의 수준과 기호에 따라 과목을 선택하여 공부하게 하여 장래 전공의 기초를 쌓게 하고, 학업 낙오자도 방지하는 시스템으로 운영되고 있는 것을 보고 깊은 감명을 받았다고 한다. 우리나라는 해방 후 75년이 지나도 해마다

대입제도가 바뀔 정도니, 언제쯤 교육이 자리를 잡을 것인가.

1923년 샌프란시스코의 중국인 기독교 교회에서 변준호의 권유를 받아 흥사단(154번)에 가입하여 기고와 강연 등의 활동을 하였다. 이때 미국에 있던 도산의 연설을 듣고 감복한 문명훤은 《동광》 제23호(1932.04.01.)의 「내외인물인상기」에서 도산에 관해 이렇게 말했다.

…우리나라가 낳은 세계가 응당 알아야 할 인물이다. 그는 일의 국면을 잘 살피며 일의 틀을 잘 챙기며 일의 경위를 바로 세우고 고르며 또 일의 동무를 잘 지도하는 사람이다. 그를 한 번이라도 상종한 사람은 누구나 감복되지 아니하는 자 없다. 그는 일을 밝게 보며 넓게 보며 또 멀리 본다. 그는 일을 밝게 재이며 넓게 재이며 또 멀리 재인다… 그는 참으로 세계가 알아야 될 인물이다.

미국에서의 활동으로 인해 1925년 7월에 총독부가 작성한 '해외 요주의 조선인 명부'에 문명훤은 '조선 통치의 방침을 공격하는 자'로서 이름이 올라갔다.

1924년 6월 고등학교를 졸업하고 다시 하우스보이로 일하며 학비를 모아 1925년 9월 아이오와주의 더뷰크대학(Dubuque, 장로회)에 들어가 화학 전공, 수학 부전공으로 1929년 6월 졸업하였다. 이어서 노스웨스턴대학 석사 과정에 들어갔으나 도중에 학비가 떨어져 행상으로 미국 동부 각 도시를 돌아다니다가, 더 이상의 공부보다는 고국을 위해 활동하자고 결심하여 1931년 4월에 귀국했다.

문명훤 대학 졸업 사진

1931년 4월 5일의 동아일보 기사는 문명훤이 "뜌북 대학을 졸업하고 1년 동안 응용화학을 연구하고서 금의환향했다"고 보도했다.

이후 평양 신양리에서 문명화학공업사를 설립하고 숭실대 교수 최능진(흥사단원)과 연구에 몰두하였다. 1932년부터 페인트, 니스, 구두약을 제조·판매하고, 1933년에는 휴대용 거울을 발명하여 판매하는 등의 사업을 벌였다. 수양동우회 사건으로 심문을 받을 때는 직업을 '토지가옥경영업'이라고 진술하였다.

1931년 수양동우회에 가입하여 민족주의 사상을 고취하는 등의 활동을 하다가, 1937년 150여 명의 회원과 함께 체포되어 4년의 옥고를 치르고 1941년 석방되었다. 해방 후 미군정청 적산관리처에서 근무했으나, 직원들의 부정에 환멸을 느끼고 1년 만에 사직했다. 이후 정부에 대해 한글에 관한 제언을 하는 등 한글 연구에 애써 수기 프린트판인 『국어의 참두루미』(1948), 『제글 제문화』(1958)를 남기고, 1958년 후암동 자택에서 별세하였다.

자서전 『간난(艱難)의 정복자』(1973, 어린이문화관)가 미국 거주 아들 문대성에 의해 간행되었다. 건국훈장 애족장(1990)을 받았고 2006년 대전 현충원으로 이장되었다.

◀ 연보비
◀◀ 비석

　매장 당시에 세워진 작은 비석에는 맨 위에 십자가가, 그 아래 '남평문공명훤지묘'라고만 새겨져 있다. 큰 비석은 1984년에 세운 것이고, 길가의 연보비는 1997년에 세워진 것이다.

비음(碑陰, 비석 후면)
'고등 한국말의 본' 저서 중에서
　한문자 사용과 왜 생활습속 등 노예문화의 깡대기가 일소되고 자주 문화가 수립되어야 곧 민족 문화가 순화되어야 민족성이 강고하여져서 민족적 정지와 자부가 앙양되는 동시에 국제적으로는 화동협진하는 기풍이 촉진되어서 사대 숭외 등 비굴의 누습이 이 민족에게서 사라지는 것이다. 1984년 6월 대한민국 정부 알선으로 이 비를 세우며

아들 요식 대동 요한 대성
장손 명유 가려 뽑고 혜촌 김학수 쓰다

망우리 언덕의 십자가

연보비

말에는 본이 있고 글에는 법이 있다. 말과 글이 같은 민족의 사회에서 말의 본이 글의 법이오, 글의 법이 곳 말의 본이다.

- 「고등 한국말의 본」 중에서

저서라고 소개된 『고등 한국말의 본』은 국립도서관에서도 흔적을 찾을 수 없다.

4남 문대동 회장

비문에 새겨 있는 4남 문대동 (1940~)은 미국에 있는 삼문(三文)그룹 회장으로, 2011년 제10회 세계한상대회 대회장을 지낸 바 있다. 한국외대 서반어학과를 나와 1971년 미국으로 건너가 가발 영업사원부터 시작해 연 매출 2억 달러가 넘는 삼문그룹을 일궜다.

무역부터 시작한 삼문그룹은 텍사스 등 미국 중남부를 중심으로 여성용품 도·소매, 호텔, 쇼핑센터, 골프장, 건설 등으로 사업을 확장했다. 그는 부친의 독립운동 정신을 이어받아 미국에서 절반의 직원을 재미교포 청년을 채용하였다고 한다. 또한, 독실한 기독교인인 그는 100만 달러를 출연해 장학재단을 만들었고, 별도로 매년 20여 명의 신학도에게 장학금을 주고 있다.

2002년 사우스웨스턴대 신학대학교를 수료하면서 명예박사에 준하는 'BH 캐럴상'을 받았다. 동대학 설립자인 BH 캐럴을 기념하기 위해 제정한 최고 권위의 상을 받은 최초의 유색인종이 되었다.

비문의 글을 쓴 혜촌 김학수(1919~2009) 장로는 한국역사풍속화, 기독교성화의 대가이다. 평양에서 태어나 1·4후퇴 때 부인과 2남 2녀를 북에 남겨두고 단신으로 월남해 독신으로 살면서 화업에 몰두했으며, 한국외항선교회 창립 멤버로 참여하는 등 독실한 기독교인으로서도 많은 족적을 남겼다. 한국기독교미술상(1992), 문화훈장 옥관장(1992) 등을 받았다.

※ 찾아가는 길
동락천 약수터 우측에 있는 문명훤 연보비 뒤쪽으로 능선까지 올라가 능선을 넘어가면 바로 아래쪽에 붉은 끈과 리본이 매달린 나무가 보인다. 그 왼쪽으로 약 50미터 가면 갓을 쓴 비석이 보인다.

망우리 언덕의 십자가

재림교 순안의명학교 출신의 교육가

추담 허연
(秋潭 許然 1896~1949)

　　박꽃은 소박한 흰 꽃 / 조선의 옷 빛 / 물들지 않은 조선의 옷 빛
/ 순박한 그 맛은 / 조선 사람만이 아는 귀한 꽃 // 황혼에 새 이슬
에 / 고개 드는 흰 꽃 / 수줍은 조선 처녀 / 빛없이 타는 백열, / 해
진 뒤에 박나비만을 / 기다리는 깨끗한 꽃

　　위의 글은 나라사랑의 마음이 가득한 고인의 시 「박꽃」의 전문
이다. 고인의 묘는 예전에 찾은 적이 있지만 비석에 별다른 글이 없
어 누구인지 모르고 무심하게 스쳐지나갔는데, 고인의 3남 허달
(1943~) 씨의 블로그 덕분에 고인의 이력을 뒤늦게 알게 되었다.
허달 씨는 서울공대 화공과를 졸업하고 SK(주)에서 부사장까지 근
무했고, 지금은 경영코칭의 전문가 및 컬럼니스트로 활동하고 있
다. 최근 부친이 남긴 자료에 근거하여 『소설 허연』을 블로그에 연
재하고 있다.
　　추담 허연은 1896년 평남 순안군에서 태어났다. 어릴 때 이름
은 용성(龍成)이다. 수양동우회 사건의 일경 조서에는 허용성과 허

연이 함께 적혀 있다. 어려서 부모를 여의고 외갓집에서 자란 허연은 외조부에게 한학을 배우고, 13세 때 제칠일안식일예수재림교(1860, 미시간주) 선교사 겸 의사인 러셀 박사 부부가 세운 순안병원(1908, 현 삼육서울병원)에서 침식을 제공받는 급사로 들어갔다. 러셀 박사의 주선으로 20세의 늦은 나이에 순안 의명학교에 들어가 일과 학업을 병행했다.

의명(義明)학교는 1906년 재림교 선교부가 순안에 설립한 학교로, 초대 교장에는 재림교 최초 선교사 스미스가 취임하였다. 1949년 함경남도 요덕군으로 이전하고, 전쟁 후 1952년에 서울 청량리로 이전하였다. 청량리 지역에는 재림교 한국 본부와 출판사 시조사, 삼육서울병원이 모여 있다. 한국 재림교의 발상지는 순안이고, 중흥지는 청량리 지역이라 할 수 있다.

의명학교는 삼육중고 및 삼육대학의 전신으로, 삼육은 지·덕·체를 육성한다는 교육 이념을 말한다. 망우리공원 구리 쪽 기슭에 있는 서울삼육고등학교에서 필자는 몇 년 전부터 매년 독서토론캠프 시간을 갖고 있다. 지·덕·체는 망우리공원이 가진 인문학적 요소와 비슷하다. 공원을 걸으며 몸을 단련하고, 비문을 읽으며 역사를 공부하고, 나아가 나라사랑과 자아성찰의 덕을 키우는 점에서 미션스쿨의 교육 이념과 '망우인문학'의 목적은 일맥상통한다.

1919년 3·1운동 때 순안에서는 3월 6일 의명학교 교사와 학생의 주도로 500여 명의 만세운동이 일어났다. 독립선언문을 돌리며 시위에 적극적으로 참여한 허연은 경찰의 체포를 피해 순안을 떠날 수밖에 없었다. 의명학교 스승 김창세로부터 상해삼육대학 입학 추천장을 받아들고, 몇 개월을 걸어서 상해로 망명했다. 상해삼육대학 중학부에 들어가 1922년에 졸업했다.

임시정부의 기관지 『독립신문』(1921.12.26.)은 1921년 12월 13일 3·1예배당에서 열린 상해유학생회(留滬學生會)의 모임을 소개하며 허연, 주요섭, 박헌영의 연설 소식을 실었다. 독립운동의 주역이 될 조선 청년들의 상해유학생회는 당연히 임정이 깊게 관여하여, 이때 허연은 우사 김규식(1881~1950)과 인연을 맺었다.

1922년 귀국 후에 연희전문에서 수학하다가 1924년 8월 24일 미국 버니지아주의 로노크대학(Roanoke College, 루터교 1842)에 들어가기 위해 경성을 떠났다. 동교 1903년 졸업생 김규식 박사(1923 로노크대 명예박사)가 자신의 모교를 권유하고 추천장과 여비까지 건네주었다.

허연 대학졸업앨범 사진

허달 씨가 로노크대에서 2001년에 입수한 부친의 학적부에는 재정보증인으로 상해에 주소를 둔 김규식(Dr. Kiusic Kim)의 이름이 적혀 있다. 유학을 떠나기 전에 일경의 감시를 피하기 위해 김규식이 허연으로 개명해 주었고, 미국에서는 영문 이름을 'Benjamin Yun Hugh'로 하였다.

벤자민은 미국 건국의 아버지 벤자민 프랭클린과 같은 인물이 되라고 러셀 박사가 지어준 이름이다.

호텔과 식당에서 일하며 학비를 모아 1926년 로노크대학 2학년에 편입하여 1929년에 졸업하고, 다시 펜실베이니아대학에 들어가

허연과 김귀애의 결혼식

1932년 경제학 석사를 취득했다. 재학 중에 박마리아(1935년 이기붕과 결혼)와 맞선을 본 적이 있다고 한다. 그 해 뉴욕에서 의명학교 동창 한승인의 권유로 흥사단(265번)에 입단하였다. 이때 교유한 작곡가 홍난파(266번)와 오천석 박사(195번)는 1934년 허연의 결혼식 사진에 신랑의 바로 옆과 뒤에 서 있다.

1933년 2월 귀국 후 협성실업학교(현 광신고)의 교사로 일하며 동아일보 등에 경제 관련 글을 다수 기고하였다. 1934년에 39세의 노총각으로 10세 연하의 호수돈여고 출신 김귀애와 결혼하였다. 교직 외로도 조선물산장려회의 강연(1936.02.08., 04.20), 라디오 경제 해설 등으로 민족계몽에 나서고, 1937년에 중앙고등학원(대학)을 설립하고 운영하였다.

해방 후에 새로 작성한 흥사단원 명부에는 "협성실업학교 교사 6년, 중앙고등학원 설립·운영 6년"으로 기재되어 있다. 중앙고등학원은 호강대 영문과 출신의 피천득(1025번)이 1937년에 교원으로 일했고, 훗날 서울사범대 학장을 지낸 영문학자 이종수가 원장을

서대문형무소 수형 카드

맡았다.

1937년 6월 10일 수양동우회 사건으로 누하동 자택에서 긴급
체포되어 서대문형무소에 8월 10일 수감되고, 1938년 7월 29일
보석으로 출감하였다. 일경의 조서에는, 조선 독립을 궁극적 목적
으로 결성된 미국의 흥사단, 조선의 수양동우회에 가입하여 수회
회합하고, 협성실업학교의 상업전수과를 동우회 지도 하에 두는 등
의 활동을 벌인 죄가 적시되어 있다.

해방 후, 임시정부를 인정하지 않는 미군정의 참여 요청을 거부
하고, 1945년 11월 입국하는 임정 요인을 맞이하기 위해 설립된
임시정부영수귀국전국환영회(위원장 김석황)에 교섭부의 1인으로
참여하였다. 1945년 9월 8일 한국민주당 발기인으로 이름을 올리
고, 1946년 1월 2일 발족한 흥사단 국내위원부의 위원 12인에 참
여하고, 1946년 4월 18일 우익 3당(한독당, 국민당, 신한민족당)이
합당한 한국독립당의 집행위원으로 참여하였다.

1946년부터 조선대화방직(주)의 전무이사로 일하다가, 일제 때
옥고의 후유증으로 폐렴에 걸려 1949년 병석에 누웠다. 늘 가족과

친지에게 "도산 선생의 발치에 묻어 달라"고 하며, 망우리에 가족묘지를 마련하고 동년 8월 12일 향년 53세로 별세하였다.

부인 김귀애 권사는 곧이은 6·25 전쟁의 고된 삶을 헤쳐 가며 3남 1녀를 키우고 88세로 소천할 때까지 종교교회(1900, 감리교) 여선교회의 활동과 세브란스병원에서의 자원봉사로 여생을 보냈다. 그의 선행은 경향신문(1981.1.19) 등 다수의 언론에서 소개되었다.

고인이 수양동우회 사건으로 옥고를 치른 것과 젊은 시절 상해에서 임정 김규식 선생의 지도 하에 임정 국채의 판매 등 활동한 경력을 들어 유족은 30여 년 전에 서훈을 신청한 적이 있었으나, 당시 보훈처의 심사 태도에 분개한 가족은, 이런 심사나 서훈은 돌아가신 분에 대한 모욕이니 받지 않겠다고 결의했다고 한다.

허연 선생의 취미는 시문학이었다. 1930년 12월의 《별건곤》(제35호)에서 시인 이하윤은, 그 해의 문단을 결산하면서 올해 유망한 시인으로서 허보, 김화산 등 5명과 함께 허연의 이름을 올렸지만 그는 시를 계속 발표할 여유는 없었다. 2010년 유족은 고인의 유작을 모아 시집 『박꽃』을 출간하였다. 빼앗긴 나라에서 흥사단원, 교육가, 경제학자로서 나라에 헌신했지만, 이제 우리는 독립의 염원을 글로 남긴 시인으로서도 그를 조명할 필요가 있을 것이다.

마지막으로 고인의 시

「꿈길」의 마지막 3연을 아래에 옮긴다. 모친을 그리는 것으로 읽히지만, 이것은 이제 고인을 그리는 유족의 말이 되지 않았나 싶다. 마침 고인의 묘역에는 큰 소나무가 서 있다. 유족이 심은 기억은 없는데, 6·25 전쟁 후에 쑥대밭이 된 묘를 찾았더니 작은 소나무가 자라나고 있었다고 한다. 가지만 치고 그냥 두었던 소나무가 지금은 크게 자라 하늘 높이 우뚝 서 있다.

꿈이 아니면 님을 뵈올 길 없어
꿈길을 더듬어 님 무덤에 갔더니
품팬(무성한?) 으악새 바람에 흔들리고
푸른 소나무 문득 비석이 되어
님의 사정을 말하려 합니다.

※ 찾아가는 길
시인 김상용 묘역을 지나면 지석영 연보비가 나온다. 다시 순환로를 100여 미터 올라가면, 길가 왼쪽에 회양목이 20여 미터의 폭으로 식재된 곳 직전에 아래로 내려가는 계단이 있다. 30여 미터를 내려가면 오른쪽 아래에 검정 사각 비석이 보인다.

함북 성진의 3·1운동을 이끌다

목사 강학린

(姜鶴麟 1885~1941)

사람이 어떤 때는 궁창의 광명을 볼 수 없어도 바람이 지나가면 맑아지느니라. 북방에서는 금빛이 나오나니 하느님께서는 두려운 위엄이 있으리라.   - 욥기 37장 21~22절

1993년에 애족장을 추서받은 애국지사 강학린 목사는 대전 현충원으로 2003년에 이장되었고, 그 자리에 추념비가 남아 있다. 뒷면의 일대기를 읽어 본다.

1885. 6. 1. 생 ~ 1941. 7. 5. 졸

그의 일대기는 민족적 수난과 형극의 굴레 속에서 굴하지 않고 하늘나라를 선교하는 일에 있었다. 1917년 평양신학대학을 졸업하고 1918년 성진 욱정교회에 부임, 엄덕 길주 명천 삼수 갑산 혜산 풍기 차호 용대 단천 이원 등지에 교회를 세우고 1925년 함중노회를 창립, 작고하기까지 노회장을 여러 차례 역임하였다. 민족의 미래는 교육이 좌우하리라는 확신에서 캐나다 선교사 구례선 박사와

함께 교육 사업을 일으켰다. 성진 보신남학교 성진 보신여학교를 함께 설립하고 이사장직을 다년간 맡았다. 1919. 3·1 독립만세운동 당시 동월 11. 성진 학성 등 일대에서 5~6천 명을 동원하여 독립만세운동을 주동했으며, 함흥 서울에서 재판을 받고 주모자로 동지들 14명과 함께 옥고를 치르시었다. 당시 상황은 사건 현장 목격자 구례선 선교사의 전도 수기와 운동 참가자 배민수 박사의 회고록 그리고 한국독립운동사 제2권 4장 5절에 상세히 기록되어 있다. 1993. 3·1절 건국훈장 애족장이 추서되었고 동년 6. 1. 국가유공자로 추서되었다. 평생 기도 속에서 절대자와의 대화를 통해 국권의 회복과 민족의 해방과 하늘나라의 실현을 열렬히 간구하는 신생의 길을 예비하고 계셨다. 그 신앙과 실천은 문중의 정신적 유산으로 응집되어 갔으며, 오늘도 그리고 대대로 후손에게도 영원히 이어져 내려갈 것이다.

 1885년 이래 각국의 선교단체가 경쟁적으로 한국에서 선교를 하다가 중복을 막기 위해 선교 지역 분할이 이루어졌다. 인구 5천 명 이상의 대도시와 개항장은 각 선교부가 공동 지역으로 선교하고, 그 이하 지역은 선점권을 인정하는 지역 분할이 이루어졌다. 1909년 당시 캐나다 장로회는 함남의 원산 등 북부 지역과 함북 전역, 북간도, 블라디보스토크 일대를 맡았다.

따라서 함북 성진 지역은 캐나다의 장로파 선교사 그리어슨 (1868~1966. Robert Grierson, 구예선 具禮善)이 기독교 신앙의 뿌리를 내리게 한 지역이다. 성진에서의 3·1운동은 강학린과 그리어슨의 관계를 빼놓을 수가 없다.

그리어슨은 캐나다에서 의대와 신학대를 나와 목사 안수를 받고, 1898년 9월 부인과 함께 한국에 입국하였다. 서울에서 한국어를 공부하고, 1899년 2월 캐나다 선교구인 함경남도 원산으로 갔다가 1901년 5월 함경북도 성진으로 들어왔다. 제동병원(1907)과 교회, 학교를 세워 선교사이자 의사 및 교육자로서 함경도 개화운동의 선구자 역할을 하였다.

1909년 봄, 함경북도 지역에서 학교를 설립하고 국권회복운동을 하던 이동휘가 찾아와, 일제의 감시와 탄압을 피하기 위해 교직을 부탁하였다. 그리어슨은 그를 권서인(성경 보급과 전도)으로 임명하고 1년 후에는 조사(助事, 전도사)로 임명하여 이동휘의 국권회복운동을 후원하였고, 이동휘가 1914년 가을 국외로 망명을 꾀하자 국외 망명을 도와주었다. 후에 이동휘를 통해 북간도 지역의 교회 설립에 나서게 되었다.

강학린은 황해도 재령군에서 출생하였지만, 본적은 함북 성진군이다. 1917년 평양신학교를 졸업하고 1918년 성진읍 욱정(旭町)교회에 부임하였다. 그는 평양신학교의 이사를 맡아 수시로 평양에 갔는데, 3·1운동 전에 평양에 갔을 때 그곳 목사들로부터 민족대표로 나설 것을 권유받았다. 그러나 그는 고향에서 동시에 운동을 벌이기로 결심하고 성진으로 내려왔다.

1919년 3월 7일 김상필, 강희원, 배민수 등과 함께 독립만세 시위운동을 벌이기로 계획하고, 인근 각처에 연락을 취하는 등 준비를 갖췄다. 그리어슨은 3월 7일의 비밀 회합 장소로 자택을 제공하고, 본인도 회의에 참석하였다. 3월 9일 주일에는 두서의 읍기 37장 21~22절을 인용하며, 만세 행동에 나서려는 교인들을 격려하였다.

　　3월 10일, 제동병원 앞 광장에 천도교도와 일반 시민도 포함해 5천여 명이 모인 자리에서 강학린은 선언문을 낭독하고 궐기사를 한 후, 독립만세를 선창하자 군중들도 일제히 독립만세를 외쳤다. 그리고 강학린이 앞장선 시위 행렬은 관공서 앞까지 가서 대한독립만세를 불렀다.

　　다음날 11일에도 시위가 이어져 나남기병대와 소방대의 무력 진압으로 2명이 피살되고 다수의 부상자가 나오자, 그리어슨은 이들을 치료해 주었다. 그리어슨 또한 저녁에 경찰서에 가서 취조를 받았지만 증거 불충분으로 석방되었다. 성진에서의 만세운동은 활화산이 되어 불꽃은 함경도 일대와 만주, 연해주까지 확산되었다.

　　그리어슨은 3월 11일의 상황을 다음과 같이 기록하였다.

　　"이른 아침부터 일본인 소방대들은 도끼를 들고 경찰들은 총을 들고 일본인 거리에서 한국인 거리로 들어와 한가로이 쉬고 있는 한국인을 닥치는 대로 치고 도끼로 찍고 총을 쏘았다. 죄 없이 찍히고 총에 맞아 그 수를 헤아릴 수 없이 숱한 부상자들이 속속 병원으로 들이닥쳤다. … 하나님께서 오늘날 일본의 그 무자비함과 불의한 행동을 꾸짖고 벌하심이 우연한 일이 아닐 것이다"

1918년의 조선국민회 사건(「서광조 편」 참조)으로 10개월간 옥고를 치르고 나와 성진으로 이사 온 배민수(1897~1968, 1934년 목사)도 당일 적극적으로 참여한 죄로 9개월간의 옥고를 치르고 1920년 7월 10일 출옥하였다.

이날의 시위로 인하여 강학린 목사와 장로 및 많은 교인들이 체포 투옥되어 3월 16일 주일 예배에는 옥고를 치르는 교인들을 위로하기 위해 교회 종을 오랫동안 치게 했다. 또 때때로 옥중의 교인들을 면회하고, 교회 여신도들을 교대로 보내어 면회하고 사식을 제공토록 하였다.

강학린 수형사진

강학린은 소요, 보안법 및 출판법 위반으로 청진지방법원에서 유죄판결을 받고 불복 항소하였으나, 동년 9월 2일 경성복심법원과 10월 11일 고등법원(대법원)에서 각각 기각되어 서대문형무소에 투옥되었다. 1920년 7월 10일에 출옥, 1년 4개월여의 옥고를 치렀다.

그리어슨은 36년간 기독교 전도와 교육 사업에 헌신하고, 1934년 귀국하여 토론토에서 살면서 6·25전쟁 때 자신의 선교구였던 성진에서 월남한 피난민을 위해 구호금을 보내기도 하였다. 1965년 98세로 별세했고, 독립운동 지원의 공적으로 1968년 독립장이 추서되었다.

그런데 그는 대단한 다혈질 목사였던 것 같다. 이런 에피소드가 전한다. 1908년에 말을 타고 가는 일본 헌병 상등병의 머리를 그리어슨이 뒤에서 지팡이로 구타하였는데, 알고 보니 선교사의 말을 함부로 타고 간다는 오해에서 비롯된 것이었다. 또, 1928년에는 명사십리에서 서양 아이와 장난치는 조선 아이를 싸우는 것으로 오해하고 몽둥이로 난타하여 사과한 사건이 일어났고, 1930년 1월에는 보신학교 교사였던 청년을 구타한 사건이 일어났다. 교회는 구축파와 옹호파로 나뉘어 싸우다가, 결국 구축파는 떨어져 나와 성진중앙기독교회를 별도로 세우게 되었다.

강학린은 이후 1925년 성진, 길주, 명천, 단천, 삼수, 갑산군의 교회로 구성된 함중노회(咸中老會)를 창립하고 작고하기까지 노회장을 여러 차례 역임하였으며, 그리어슨과 함께 설립한 성진 보신남학교 성진 보신여학교의 이사장직을 다년간 맡았다.

증손은 가수 강수지

가족은 해방 전에 모두 월남했다. 차남 강기철은 1925년 출생, 개성 송도중학을 나와 45년 8월 초에 징병 2기로 함북 나남 19사단에 입영하였다가 탈영하여 산중 은신 중에 해방을 맞았다. 서울대 상대에 입학하였으나 1947년에 폐결핵으로 중퇴하고, 1953년에 국학대학 사학과에 편입, 1955년에 졸업했다. 한양공고 영어 교사로 재직 중에 사학의 비리를 목격하고 이사장에게 시정을 권고하였으나, 갈등을 빚고 결국 권고사직 형태로 해고당했다.

그 후, 국학대학의 문화사 강사로 출강하면서 1960년 7월 17

일 한국교원노동조합총연합회(교원노조)를 설립하고, 수석부위원장 및 위원장 직무대행을 맡았다. 조합원은 초·중·고·대 10만여 교원 중 4만까지 이르렀다. 정부 승인을 받기 위해 행정소송을 벌이던 중, 1961년 5·16이 일어나자 반국가행위죄로 체포되어 15년형을 선고받았다. 부친 강학린 목사가 애국지사인 점, 그리고 교계의 한경직, 강신명, 조향록, 강원용 목사 등의 탄원서 제출로 7년 만인 1968년 4월에 석방되었다.

1969년 7월 3선개헌반대범국민투위(위원장 김재준) 36인 준비위원회에 참가하고, 1971년 4월 민주수호국민협의회 기획운영위원으로 참여하여 함석헌, 김재준, 이병린, 천관우, 장준하 등과 함께 민주화운동에 헌신했는데, 그는 자신의 집을 담보로 45만 원을 대출받아 YMCA에 사무실을 마련했다.

한편, 아놀드 토인비 저서의 번역 및 연구서를 출간하며 토인비 연구가 및 비교문명연구소장으로 활동하고, 도산아카데미연구원 부원장을 지냈다. 문명사가(文明史家)로 저술과 강의, 그리고 망우리 부친의 묘를 현충원으로 이장하고 기념비를 남겼다.

교원노조 사건으로 유죄 판결을 받았던 간부 강기철, 신동영, 이종석은 2018년 4월 6일에 열린 재심에서 무죄 선고를 받았지만, 그는 이 소식을 하늘나라에서 들었다.

비석의 옆면에는 후손으로 기준, 기철, 덕은이 새겨져 있다.

장남 강기준(姜基俊)의 아들은 용설(龍卨), 용설의 자식은 의철(義澈), 수지(修智), 수철(修澈)이다. 수지는 가수 강수지를 말한다. 즉 강학린은 강수지의 증조부가 된다.

◀ 강학린의 비석
▼ 부인 장학순의 비석 뒷면

강수지는 1967년에 태어나 중학 2학년 때인 1981년 가족과 미국으로 이민하여 1988년 뉴욕 맨해튼 드라마스쿨을 졸업했다. 대학가요제 미동부지역 예선에 출전하여 금상을 수상하고, 당시 MC를 맡은 송승환의 권유로 1989년에 귀국, 가수활동을 시작했다. 부친도 2017년 영구 귀국하였다.

아래에 강학린의 부인 장학순(1893~1947)의 묘가 있다. 비석 앞면에는 십자가 아래에 '청송 장(張)씨 학순(鶴淳)지묘'라고 새겨져 있고 뒷면 내용을 아래에 옮긴다.

그리스도 안의 성도 장학순은 청송 장공 원봉의 무남독녀로 1893년 9월 20일에 황해도 황주에서 태어났으며 18세에 재령 태생 평양신학교 출신 강학린 목사와 결혼, 성직자의 반려로 가문의 새 전통을 받들었다. 한국의 전형적 여인모(母)상 그대로 인내 속에 온갖 고생과 희생을 몸소 겪으면서 남편을 섬기고 8자녀를 양육하는 내조에서 보람을 찾았다. 남편 강학린 목사는 평생 예수 그리스도 전교와 교회 개척에 헌신했으며, 성진 보신 남학교와 여학교의 설립 운영 등 교육사업에도 공헌하였다. 평양신학교 이사직을 역임했으며 함중노회장직을 전후 17회 연임했다. 민족의 수난에 대처하여 3·1 독립운동이 전개되었을 때 성진에서 이 운동을 주도하였으며, 주모자의 옥고도 치르셨던 큰 어른이었다.

※ 찾아가는 길

망우리공원 관리사무소에서 올라가 유명인사 사진가벽에서 우측으로 한참 걸어가 오재영 연보비를 거쳐 다시 걷다 보면 좌측에 전신주 19번이 나온다. 30m 더 가면 왼쪽으로 올라가는 나무 계단이 보인다. 계단을 올라가 약수터와 운동시설이 나오면, 우측 길로 올라가면 우측의 나뭇가지에 리본(망우리 사잇길)이 매달려 있다. 그쪽으로 들어가면 사각비석(부인 장학순 묘)이 나오고, 뒤편에 강학린 목사 추념비가 서 있다.

망우리 언덕의 십자가

한국 최초의 기독교 유아 세례자

송암 서병호
(松巖 徐丙浩 1885~1972)

내가 있기 위해서는 나라가 있어야 하고
나라가 있기 위해서는 내가 있어야 하니
나라와 나와의 관계를 절실히 깨닫는 국민이 되자
- 〈좌우명〉 중에서 (연보비)

한국 기독교의 역사는 외국 선교사로부터 시작된 것이 아니라 서병호의 부친 서상륜으로부터 시작되었다고도 볼 수 있다. 서병호는 원래 서상륜의 동생인 서경조의 차남인데, 후손이 없는 큰아버지의 장남으로 호적에 올라갔다.

서상륜(1848~1926)은 만주에서 홍삼 장사를 하다가 장티푸스에 걸려 사경을 헤맬 때, 스코틀랜드 연합장로회 목사 매킨타이어(J. Macintyre)의 도움으로 완쾌된 후 그곳에서 신자가 되었다. 몇 달 후 1879년 로스(J. Ross) 목사로부터 세례를 받고, 먼저 세례를 받은 이응찬 등과 함께 로스의 어학 선생을 겸해 중국어 신약성서의 번역에 참여하였는데, 점차 서상륜이 절대적인 역할을 담당하여 번역을 완수하였다. 1882년 3월에 누가복음을 출간한 바, 이것이 한국 기독교 역사 최초의 성경 번역으로 기록된다.

사상륜은 국내 전도를 위해 1883년 성경의 국내 반입을 시도하다가 붙잡혔으나, 의주부 집사이며 먼 친척인 김효순의 도움으로 10여 권만 들고 탈출하여 고향 의주로 들어왔다. 하지만 죄상이 드러날 위험에 의주에는 오래 머무를 수가 없어 동생 서경조(1852~1938)의 가족과 함께 당숙이 있는 황해도 장연군 소래 마을(松川, 솔내)로 갔다.

서상륜은 1884년부터 전도를 시작하였고, 로스 목사는 6천 권의 한글 성경을 수취인 성명 없이 인천 해관(세관)에 보내는 동시에 해관의 고문 묄렌도르프에게 편지를 보내 성경 상자를 서상륜에게 전달해 주기를 요청했다. 다행히도 묄렌도르프의 부인은 독실한 기독교 신자였기에 성경은 무사히 서상륜에게 전달되었다.

이때부터 소래에서 성경이 전파되며 신자가 늘어나, 1885년 서경조의 기와집에서 예배를 보기 시작했다. 목사 없는 구도자 20여 명의 모임이었지만, 이것이 우리나라 최초의 자생적(비조직, group) 교회였다. 소래교회의 기와집 예배당은, 한국 기독교 100주년 기념사업의 일환으로 1988년 총신대학 양지 캠퍼스에 복원되어 있다.

그즈음, 1884년 9월 22일에 북장로교 선교사 겸 의사로 알렌이, 1885년 4월 5일 부활절에는 북장로교의 언더우드가 첫 목회 선교사로 입국하고, 5월 6일에는 감리교의 스크랜턴 선교사(겸 의사)가, 7월 29일에는 감리교의 아펜젤러 선교사가 입국하였다.

언더우드와 아펜젤러는 원래 입국하면서, 일본에서 기독교인이 된 이수정이 번역하여 1885년 간행된 국한문 성서를 건네받아 들고 왔었다. 그러나 막상 조선에 들어와 보니, 서상륜이 번역한 순수 한글 성경이 이미 존재한다는 것을 알고 놀라움을 금치 못했다. 1895년 오류를 바로잡은 4 복음서 번역판이 선교사들에 의해 나올 때까지 이것이 유일한 성서였다.

서경조는 최명오, 정공빈과 함께 상경하여 1887년 1월 언더우드 목사로부터 세례를 받고, 다시 언더우드는 1888년 4월에 소래에 와서 25일 밤 서경조의 아들 서병호에게 세례를 주었는데, 이것이 한국 교회의 첫 유아 세례였다.

그러므로 언더우드 목사가 1887년 9월 27일 사택에서 만주의 로스 목사가 참석한 가운데 조직한 첫 장로교회인 새문안교회(초기는 장로정동교회, 지금 명칭은 1907년 이후)의 창설 교인 14인 중의 13명은 모두 서상륜에 의해 신자가 된 자들이었기에, 새문안교회는 이들 평신도부터 시작된 것이었다. 비문에도 "선친과 언더우드 목사가 함께 설립하신 새문안교회에서…"라고 적혀 있다.

새문안교회

새문안의 '새문(新門)'은 돈의문(서대문)의 속칭으로 숭례문, 흥인지문보다 늦게 만들어졌다는 의미이고 '안'은 새문의 안(內)에 있다는 의미이다.

서경조는 1900년 소래교회에서 당회를

조직하고 한국 최초의 장로가 되었다. 1904년 평양신학교에 입학하여 1907년 제1회로 졸업하고, 길선주(기미33인), 양전백(기미33인) 등과 함께 한국 최초의 목사 7인의 1인이 되어 소래교회를 담당하는 한편, 샤프 목사와 장연, 옹진 지역에서 동역했다.

1910년부터 새문안교회에서 언더우드 목사를 도와 동사목사(부목사)로 일하고, 1913년 62세에 은퇴목사, 1916년에 안국동교회에서 임시목사로 봉사한 후 65세에 은퇴하였다. 이후 아들 서병호를 따라 상해로 건너가 아들을 도우며 여생을 마치고 외국인 묘지에 안장되었지만, 도시 개발로 인해 묘지는 찾지 못했다.

서병호와 후손

서병호의 형 서광호는 세브란스의전 2회 졸업생으로, 황해도에서 해서의원을 열고 의료와 사회봉사에 헌신했다.

서병호는 1898년 11월 김구례와 한국식 및 기독교식으로 결혼식을 올렸다. 1901년 경신학교에 입학하여 1905년 제1회로 졸업하고, 부친이 세운 해서제일학교, 안창호의 평양대성학교, 경신학교에서 교사 겸 학감으로 일하다, 1913년 중국으로 망명하여 남경 금릉대학 철학과를 1918년 졸업했다.

1919년 상해임시정부의 산파역이 된 신한청년당의 당수를 맡았고, 임시정부의 의정원 내무의원으로 활약하였다. 1922년 대한적십자사를 창설하여 이사장을 맡고, 1927년에 김규식(동서) 등과 영어 교육 목적의 남화학원을 설립하였다. 1933년에는 인성학교 이사장, 상해한인기독교청년회 이사장, 한교협회 이사장을 역임했다.

한편 그는 영흥공사라는 사업체를 경영하는 탁월한 상재를 지닌 실업가로 국내 신문에 소개된 바, 여러 단체의 이사장직을 맡아 재정에 큰 도움을 준 것으로 보인다.

해방 후 1947년 귀국하여 정치와는 담을 쌓고 교육과 신앙에 전념하여 새문안교회 사무장, 중앙기독교청년회 이사, 경신학교 이사로 일하다가 1950년 경신학교 이사장이 되었다. 6·25 때는 부산에서 대한기독교청년회연맹 전시대책위원장으로 일하고, 1953년 기독교학교연합회를 조직하여 구호사업에 힘썼다. 동년 제14대 경신학교 교장에 취임, 1960년 정년퇴직하였다.

이후 대한 예수교 장로회 경기노회(老會 지역의 목사와 장로로 구성된 조직) 부회장을 지내고, 1965년에는 한일협정 반대 운동에 참가하고, 1968년 새문안교회 원로장로가 되었다. 1972년 6월 7일 향년 87세로 홍제동 자택에서 숙환으로 별세하고, 9일 대한예수교장로회총회장으로 새문안교회에서 영결식이 거행되었다. 정부는 고인의 공훈을 기리기 위하여 1990년에 건국훈장 애국장(1980년 건국포장)을 추서하였다.

서병호의 아들 서재현(1906~1999)은 부친을 따라 상해로 건너가 1924년 인성학교의 소년회 회장을 지냈고, 동제대학 기계공학과를 1929년 졸업했다. 중국의 국영 병공창에서 근무하며 월급을 털어 1932년 8명의 동지와 상해한인청년당을 조직하여 독립운동에 힘썼다. 1944년 3월에는 남경에서 결성된 민족혁명당 감찰위원으로 활동하고, 6·25 때는 해군 중령으로 참전하였다. 부공창장 시절 이순신 동상(조각가 윤호중) 건립도 지휘하였다.

금성충무무공훈장, 은성을지문공훈장을 받고, 1957년 공창장(준장)으로 예편 후 국영 대한기계제작소(조선기계, 대우중공업 모체) 사장, 한국주물기술협회장, 삼표제작소 사장, 강원산업 명예회장, 새문안교회 명예장로를 지냈다.

청렴한 일생으로 결혼 18년이 지나서야 은행융자를 끼고 14평의 문화주택을 마련했고, 1996년에는 팔순 잔치를 위한 비용 6백만 원을 시민단체 우리민족서로돕기운동(대표 서영훈)에 기부했다. 자식에게 자신의 독립운동 전력을 말하지 않아 뒤늦게 친구의 신청으로 1994년 건국훈장 애국장을 받았다.

서재현은 5남(원석, 경석, 만석, 창석, 현석)을 두었는데, 장남 서원석은 대한성서공회 본부장을 지내고 새문안교회 원로장로로 있다.

차남 서경석은 1948년 출생, 서울고를 졸업하고 부친의 전공을 따라 서울대 기계과에 진학했으나 사회주의에 접해 무신론자가 되어 산업사회연구회라는 서클을 조직하였다. 새문안교회 후배들과 판자촌 생활을 하며 새문안교회 대학생회를 진보적 신학이론으로 무장시키는 등 기독학생운동을 이끌다가 1974년 민청학련 사건으로 구속되었다. 1975년 석방 후 한국기독교사회선교협의회 총무를 맡아 1979년 YH사건, 1980년 동일방직사건에 연루되어 다시 옥고를 치렀다.

지속된 피로감에 충전 기간을 갖고자 1982년 장신대 신학대학원 졸업 후 도미하여 1984년 프린스턴 신학교 졸업, 1985년 미국 장로회에서 목사 안수를 받고, 1986년 유니온신학교 석사를 취득했다. 미국에서도 민주화운동에 참여했으나 한국 경제가 망하기는 커녕 눈부신 발전을 하는 것에 놀라고, 미국 교포의 북한 방문으로 알게 된 북한의 실상에 실망하며 사회주의와 급진 신앙에 회의를 느끼기 시작했다. 신학공부를 통해 자신이 고통 속에 있을 때 가장 큰 힘이 되었던 것은 사회주의 신념이 아니라 보수적인 신앙이었음을 깨닫고 복음주의 신앙으로 복귀하였다.

1987년 귀국 후 "선으로 악을 이기라"는 로마서 12장의 말씀에 따라 선한 방식의 운동을 결심하고, 1989년 경제정의실천연합(경실련)을 창립하여 사무총장을 맡아 이념을 넘어선 비폭력, 평화, 합법 운동 방식의 경제 정의 실현에 나섰다. 1998년 경실련 상임집행위원장을 끝으로 단체에서 완전히 물러나 1999년부터 서울조선족교회의 목사로 있는 한편, 2005년부터 선진회시민행동 상임대표를 맡고 있다.

서병호 선생의 묘소 입구에는 두서의 글이 새겨진 연보비가 세워져 있다. 유해는 2008년에 대전 현충원으로 이장되었으나 1972년에 세워진 커다란 사각 비석은 그대로 남아 있다. 서상륜으로부터 4대에 걸친 기독교 가문의 나라의 독립과 발전에 대한 헌신을 조명하듯 망우리 서병호 선생의 비석에 찬란한 햇빛이 내려 비치고 있다.

연보비

비문

　　송암 서병호 장로님은 1885년 7월 초이레 황해도 송천에서 달
성 서경조 목사 차남으로 태어나시어 송천교회에서 개척 선교사
언더운 목사에게 세례를 받으시니, 한국 최초의 유아 수세자가 되
시다. 1906년 서울 경신학교의 유일한 제1회 출신으로서 개화기의
기독청년으로 활약하시다. 1914년에는 중국 상해로 망명하셔서 남
경 금능대학을 졸업하신 후 대한민국 임시정부 의정원 의원, 신한
청년당 당수로 파리 만국평화회의에 한국 대표로 파견하는 일을
추진하신 것을 비롯하여 독립운동에 공이 크시다. 1945년 조국 광
복 후에는 모교 교장이 되시어 학교 재건과 영재 교육에 심혈을 기
울이시는 한편 사회복지사업에도 온갖 정성을 다 하시다. 1957년
선친과 언더운 목사와 함께 설립하신 새문안교회에서 장로로 임직
되시며, 1968년 원로장로로 모심을 받기까지 오로지 민족과 교회
를 위하여 충성을 다하시다. 님의 호 송암(松巖)이 뜻하는 바 믿음
의 반석 위에 굳게 선 소나무의 푸르름 마냥 나라와 겨레와 민족과
교회를 위하여 평생을 신앙의 본이 되시며 사사다가 1972년 6월 7
일 향년 87세로 주님 곁에 가시다. 대한예수교장로회 총회는 장로
님의 업적과 그의 높으심을 기리어 총회장으로 모셔드리다. 1972
년 7월 21일 새문안교회 당회장 강신명 올리다.

김구례 집사님은 황해도 송천에서 1882년 1월 2일 광산 김응기의 장녀로 태어나 1898년 결혼하신 후 친척 간에 화목과 효부로 알려졌으며, 1920년 중국으로 망명생활 중 독립운동자들에게 희생적 봉사로 평생을 바쳐 지내시다가 광복 후 귀국하셔서 1953년 11월 26일 주님 곁에 가시다.

※ 찾아가는 길
순환로 구리 쪽 방정환 연보비를 지나 문일평 및 오세창 연보비를 지나면 50여 미터 우측에 서병호 연보비가 보인다. 연보비 좌측 위로 올라가면 곧 우측에 사각의 큰 비석이 보인다.

조선국민회 결성의 주역

애국지사 서광조 (徐光朝 1897~1964)

우리 한국은 한국인으로서 중국은 중국인으로서 자치의 자유를 향유할 희망을 가지고 있다. 따라서 장래 이 목적을 달성하기 위하여 금일에 동지의 결속을 도모하여 그 준비를 해야 한다.
-연보비 〈조선국민회 설립 취지 중에서〉

서광조는 1917년 3월 23일에 결성된 비밀결사 조선국민회에 참여하여 옥고를 치른 공적이 인정되어 1990년 건국훈장 애족장을 추서받았다.

문화재청은 망우리공원에 계신 애국지사 한용운을 2012년에, 2017년에는 서광조를 포함한 애국지사 8인(오세창, 문일평, 방정환, 오기만, 서동일, 오재영, 유상규)을 등록문화재로 추가 지정하였다.

잘 알려지지 않은 애국지사도 있지만, 문화재청은 2017년 10월 23일 등록문화재 지정 보도자료에서 "망우리공원은 항일독립운동의 정신 계승과 역사적 교훈의 가치가 담긴 역사적 장소로 판단"하였다. 즉 망우리공원이라는 한 장소에 모여 있다는 장소성도 높이 평가된 것이다.

비석의 앞면에는 십자가 아래에 '경아 서광조의 묘', 뒷면에는 '1964년 7월 14일 가심', 아래에 아들, 딸, 사위의 이름이 새겨져 있다. 그런데 묘소 입구의 연보비와 보훈처 공훈록에는 1972년에 사망한 것으로 되어 있다. 행정관서의 무심한 일처리는 곳곳에 이런 오류를 새겨 넣고 있다.

비석의 글을 확실히 믿지 못했는지, 2019년에 새로 세워진 문화재청의 등록문화재 안내판에도 "비석과 공적조서 및 연보비 표기가 각기 달라 비석 뒷면의 기재를 근거로 하였다"라는 내용을 적어 놓아, 몰년의 확정을 여전히 뒤로 미루고 있다.

조선국민회 창설의 주역

조선국민회는 1917년 3월 23일 평양의 숭실학교 재학생 및 졸업생, 교사가 중심이 되어 결성된 청년학생의 항일비밀결사단체이다. 일경의 자료 '비밀결사 발견 처분의 건'(1918년 2월 18일자, 高제3094호 비수(祕受)3725호)의 내용을 근거로 하고, 별도로 확인된 사실을 추가하여 서술한다.

주도적 역할을 한 숭실학교 졸업생 장일환(32세, 1918년 현재)은, 1914년 9월 하와이에서 한인사회 독립운동의 중심 인물인 박용만과 협의하여 국내에 청년단체를 조직하고, 국내외 협력의 국권

회복운동을 전개하기로 결의하였다. 1915년 4월 비밀리에 귀국하여 서광조(22, 목포) 및 1909년에 하와이에서 귀국한 전 국민회 회원 강석봉(28, 목포. 전남사회주의 운동가)과 함께 동지로서 맹약하고, 동년 겨울 중국 안동현 거주 백세빈(25)을 만나 협의하고, 그 운동자금으로써 봉천에서 중국 화폐를 위조하여 그 돈으로 간도에 토지를 구입하여 장래 활동의 근거지를 만들 계획을 세웠다. 그러나 그 후 강석봉은 오히려 서두르면 일본 관헌에 발각될 우려가 있다며 이를 반대하여, 우선은 회원 모집에 노력하기로 하였다.

그 후 동회에 가입한 배민수(22, 숭실중학생) 및 김형직(24, 서당 교사, 후술 참조)과 1917년 2월 자택에 모여, 당시 마침 평양 예수교 장로파 신학교가 개학 중이었으므로(매년 3개월간) 각 도에서 청년 기독교 신자가 평양에 와 있는 것을 기회로 삼아 가입을 권유하고, 구체적인 단체를 조직하기로 협의하였다. 3월 23일 장일환 외 9명은 이보식(30, 숭실대학생) 집에서 모여 장일환을 회장, 배민수를 통신 겸 서기, 백세빈을 외국통신원으로 선출하고 단체명을 '조선국민회'로 칭하였다.

회원은 숭실학교 학생 및 졸업생과 교사, 평양신학교 졸업생, 연희전문 학생, 군산 영명중학 학생, 교회 장로, 교회 조사 등으로 대부분 기독교 신자였다. 자료의 마지막에 일경은 별도 항목으로 회원의 대다수를 차지한 숭실학교를 '불온사상의 온상'으로 적시하고 "근본적으로 개선할 필요성이 있다"고 첨언하였다.

숭실학교는 1897년 미국 북장로교 선교사 베어드가 평양에 설립한 미션스쿨이다. 1905년에 숭실중학과 숭실대학으로 분리되고, 대학은 1906년 학교 운영에 감리교가 참가하고 1912년에는 남장로교가 참가하였다. 1938년 신사참배를 거부하여 폐교 당했고, 1954년 서울 영락교회 부속 건물에서 새로 개교하였는데, 조선국민회 회원이었던 배민수(1897~1968) 목사·박사가 재단이사장에, 한경직 목사·박사가 학장에 취임하였다. 1957년 현재의 상도동으로 이전하였다. 학내의 한국기독교박물관은 기독교를 포함한 근대 문화유산을 많이 소장하고 있다.

조선국민회는 1911년 해체된 신민회를 계승한 모습으로 애국 계몽과 실력 양성을 목적으로 하였지만, 실제로는 독립군적인 암호 사용, 무기 구입, 무력 양성 계획을 수립을 하는 등 혈기 왕성한 기독교 청년들의 시선은 무력 투쟁에 쏠렸다. 즉 마치 안중근 의사의 이토 히로부미 척결 결의의 모습처럼, 1917년 6월 배민수, 김형직, 노덕순 등은 집게손가락을 잘라 서로 '대한독립'의 혈서를 쓰고, 또 회원 중에는 '결사'라고 쓰는 등 단결을 강고히 하여 장래의 활동을 맹약하였고, 의지가 굳은 청년을 물색하여 입회케 하였다.

백세빈은 재미동포가 발행한 『국민보』를 회원에게 배포하고, 노선경은 동년 7월 간도 동지와의 연락 통신 임무를 수행하기 위해 서간도 삼원포에 가고, 배민수는 중국무관학교 입학을 위해 떠나고, 군자금 1만 원을 확보해 그 일부로 권총을 구입하였다. 또한 이들은 비밀을 유지하기 위해 회칙과 회원 명부는 전혀 만들지 않고 회원 상호 간에 암호를 사용했다. 예를 들면, 권총은 돼지 발(족발을 의미하는 듯), 회원 회합은 연회로 칭하고, 회원 이름은 예를 들면 장일환은 장동서일대소환(張東西日大小煥)이라고 써서 문자 사이에 불요 2문자를 나열하였다.

경상도, 황해도, 전라도 등 구역별로 구역장을 임명해 회원 모집에 나서, 서광조는 전라도 구역장 강석봉과 주역으로 활동하였다. 그러나 1918년 2월 조직이 발각되어 25명이 피체, 장일환 등 중요 인물 12명이 기소되고, 서광조는 1918년 3월 16일 평양지방법원에서 보안법 위반으로 징역 8월형을 받아 옥고를 치렀다.

위에 나온 김형직(1894~1926)은 김일성의 부친이다. 그는 선교사의 추천으로 1911년부터 1913년까지 숭실학교를 다녔고, 1916년에 기독교계 명신학교에서 교사가 되었다. 부인 강반석은 강돈욱 장로의 딸로 원래 이름이 강신희인데 미국 선교사 넬슨 벨로부터 세례를 받고 반석(베드로)이 되었고, 벨 선교사의 중매로 결혼했다. 그런 인연으로 김일성은 넬슨 벨의 사위인 빌리 그레이엄 목사(침례교)를 평양에 1992년과 1994년 두 번이나 초청했다.

기독교인 부모 아래서 자란 김일성이 종교를 부정하는 공산주의자가 되었다는 것이 놀랍다. 북에서는 평양 중구역에 1977년 3월 23일에 조선국민회 창건사적비를 건립하였고, 한동안 10년 단위로 기념우표도 발행했다. 이 때문에 국내에서의 연구가 기피되어 오랫동안 조선국민회의 존재는 널리 알려지지 않았던 것으로 보인다.

서광조는 출옥 후 제주도에 거주 제한을 당하고 있었는데, 이때 제주도 청년을 중심으로 금주회를 조직하고 여자 야학을 세웠다. 다시 목포로 나온 1920년 9월 4일에는 목포청년회관에서 목포청년회 주최로 '시대가 요구하는 도덕'이란 주제로 강연하였으나, 일경의 주의로 중지되었다.

망우리 언덕의 십자가

이후, 동경의 조선 고학
생 원조 목적으로 조직한
목포청년활동사진대의 대
장으로 동경에 갔다 와서
1922년 7월 16일 영광청
년회관에서 정황을 설명한
후 사진을 영사하였는데,
관중은 400여 명으로 기부
금 40여 원이 들어왔다. 이
어 나주, 논산, 공주, 대구

연보비

에서 순회 상영하였다. 1923년 1월 1일에는 목포기독청년회 소속
으로 시양동 예배당에서 '새해를 어떻게 맞으랴'라는 주제로 연설하
였다.

동경 유학 중인 1926년 6월에는 재동경호남유학생회 소속으로
조국에서의 하기순회강연 계획 수립 시에 고향인 목포를 비롯한 해
남, 강진 등의 지역을 맡은 제4대의 인솔자로 선출되어 8월에 귀국
하였다.

해방 후, 1950년 4월 24일 열린 전남보도협회 정기총회에서 위
원장으로 재선되었다. 1963년 2월에 군정에 반대하는 윤보선, 김
병로 등이 만든 민정당의 전남도당 준비위원으로 참여하고, 3월에
심사분과위원장에 선출되었다. 그러나 동년 3월 22일에 광주시에
서 발생한 군정연장반대 데모로 서광조는 신학, 고석룡과 함께 '비
상사태수습을 위한 임시조치법' 위반 혐의로 구속되어 군사재판에

회부되었다. 이 또한 1990년이 되어서야 애족장이 서훈된 이유가
되었다.

이후의 활동은 사료에 보이지 않는다. 아호 '경아'의 한자도 알
수 없다. 유족도 연락이 닿지 않는다. 해방 후 80년이 다가오건만
아직도 애국지사에 대한 기초 조사마저 한참 부족하다. 조만간 시
간이 나면 목포까지 찾아가 조사하여 결과를 개정판이나 필자의 블
로그를 통해 알려 드릴 것을 약속한다.

※ 찾아가는 길
관리사무소 위의 유명인사 사진가벽 우측으로 20여 분 가서 화장실을 지나 갈림
길이 나와도 계속 직진하면 왼편에 연보비가 서 있다. 그 우측의 나무계단으로
100여 미터 올라가면 십자가가 새겨진 사각 비석이 보인다. 순환로에서 떨어져
있으므로 갔다 오려면 왕복 20여 분의 시간을 투자해야 한다.

망우리 언덕의 십자가

100년 만에 찾은 유관순 열사의 유해

이태원묘지무연분묘합장묘

앞면) 이태원묘지 무연분묘 합장비
뒷면) 소화 11년(1936년) 12월 경성부

1937년 6월 9일의 동아일보에 의하면, "총독부는 이태원공동묘지를 주택지로 만들기 위해 1935년부터 33,160개의 이장을 추진하여 1936년 4월 8일까지 미아리와 망우리로 이장 완료하였다. 그런데 유연고 묘는 4,778기에 불과하고 나머지 2,838개는 무연고 묘로 판명되어 경성부 위생과에서는 그 전부를 망우리 공동묘지에 화장 및 합장하였다. 그 불쌍한 혼을 위로하는 의미에서 9일 오후 2시부터 망우리 공동묘지에서 위령제를 거행한다"고 전했다.

여기서 2,838은 오기다. 33,160-4,778 = 28,382이니, 자릿수 하나가 잘못된 것이다.

안내판에는 위의 내용과 함께 아래의 내용이 추가되어 있다.

한편 유관순 열사는 1920년 9월 28일에 서대문형무소에서 옥사하여 일제의 삼엄한 경비 하에 이태원공동묘지에 매장되어 묘비도 없이 지내다가 이태원묘지가 없어지면서 아무도 흔적을 찾지 못했다고 하니, 이 합장비는 유관순 열사를 가장 가깝게 추모할 수 있는 상징물이라 할 수 있다. 정부는 유관순 열사에게 1962년 3월 1일 건국훈장 독립장을 추서하였고, 다시 2019년 3월 1일 건국훈장 대한민국장을 승격 추서하였다.

필자가 2009년에 처음 책을 내고 현장 답사를 안내할 때는 시간 관계상 이곳은 대개 그냥 지나쳤다. 그런데 어느 날 경향신문 조운찬 기자에게 힌트를 얻어 이 합장비와 유관순 열사의 관련성을 조사하게 되었고, 의미 있다고 생각하여 2015년 개정판에 그 내용을 소개했다.

그러자 2018년 6월 6일자 조선일보 박종인 기자의 '땅의 역사'에서 "유관순의 혼은 어디에 쉬고 있을까"라는 전면 기사가 떴다. 이 기사를 보게 된 유관순기념사업회 관계자들이 망우리에 찾아와 합장묘 앞에서 "이제 찾아와 죄송합니다. 앞으로 잘 모시겠습니다."라며 고개를 숙였다. 그리고 기념사업회는 이사회의 결의를 통해 이곳을 열사의 묘로 인정하고 마침내 9월 7일, 기념사업회와 이화여고, 3·1여성동지회 등 관련 단체 연명으로 '유관순열사분묘합장표지비'를 세웠다. 표지비의 뒷면에 새겨진 글을 옮겨 본다.

망우리공동묘지로 이장될 때 유 열사 묘를 포함한 연고자가 없는 28,000여 분묘를 화장하여 합장하고 위령비를 세웠다. 오늘 이

곳에 3·1 독립운동의 상징인 민족의 딸 유관순 열사 분묘합장표지
비를 세운다.

이것이 지금 이곳에 전국의 유관순 열사 추모객들의 발길이 끊
이지 않게 된 사연이다.

용산구는 해마다 열사의 기일에 추모제를 지내고 있다. 용산구
내 이태원묘지에 열사가 있었다는 기록에 근거한 것이다.

2020년 열사의 순국 100주년에 맞춰 중랑구는 많은 예산을 투
입하여 묘역을 정비하였다. 9월 28일에는 성대한 추모행사를 거행
할 예정이었으나, 코로나로 인해 행사는 소수 인원으로 9월 26일에
간략히 거행되었다. 이날 류정우 기념사업회장은 추모사에서 "내년
2021년부터는 매년 9월 28일 오후 3시에 망우리에서 추모식을 봉
행하겠다"고 밝혔다.

3·1운동과 여성 독립운동의 상징, 유관순 열사

유관순 열사는 1902년 12월 16일 충남 목천군 이동면 지령리 (현 천안시 동남구 병천면 유관순생가길 18-2)에서 유중권과 이소제의 3남 2녀 중 차녀로 태어났다.

육촌 조부와 숙부가 먼저 기독교를 받아들이면서 온 집안이 기독교인이 되었다. 육촌 조부 유빈기와 케이블 선교사는 조인원(조병옥 부친) 등과 1907년 일본군에 의해 전소된 지령리감리교회(현 매봉교회)를 1908년에 재건하였는데, 유빈기가 공주로 떠나면서 교회는 조인원이 속장(지역의 평신도 지도자)을, 숙부 유중무가 전도사를 맡게 되었다.

유관순은 지령리 교회에 다니며 공부도 하였고, 충청도 교구의 선교사 엘리스 샤프 여사를 통해 기독교 서적에 접하는 등 기독교의 영향을 받으며 성장했다. 유관순은 샤프 여사가 설립한 공주 영명학교를 다녔는데, 가사를 도우며 교회봉사를 하던 중 샤프 여사의 추천으로 1916년 영명학교 2년 수료 후 사촌언니 유예도가 먼

유관순과 학우들
윗줄 맨 우측이 유관순

망우리 언덕의 십자가

저 들어간 이화학당 보통과 3학년에 편입하고, 2년을 수료 후 고등과 1학년에 진학했다. 교회는 학교 바로 옆에 있는 정동제일교회에 다녔다.

정동제일교회는 감리교 선교사 아펜젤러가 1887년 10월에 창립한 한국 최초의 감리교회이다. 아펜젤러와 함께 한국에 온 메리 스크랜턴(1832~1909) 여사가 이화학당을, 아펜젤러가 배재학당을 세워, 두 학교의 학생들은 정동제일교회의 주축이 되었다.

1914년에는 현순 목사, 1915년부터 1918년은 손정도 목사, 1918년부터 1919년까지는 이필주 목사가 신도를 이끌었는데, 이들 모두 독립운동의 중심 인물이었다. 유관순은 손정도, 이필주 목사의 설교를 들으며 신앙심과 애국심을 키웠다.

유관순은 3·1운동이 발발하기 바로 전날에 김분옥, 국현숙, 김희자, 서명학 등의 학우들과 나라를 위해 목숨을 바치겠다는 결심으로 손가락 끝을 물어 피를 내어 혈서를 쓰며 5인의 결사대를 조직하였다. 3월 1일에 담을 타넘어 만세 시위에 적극 참여하였고, 3월 5일의 남대문역에서의 학생연합시위에도 참여하였다.

증언자에 따라, 유점선을 포함해 '6인의 결사대'라고 하는 사람도 있고 이름이 다르기도 한데, 본고는 보훈처의 유관순 자료 〈이달의 독립운동가 2019년 1월〉에 따른다. 학우 김분옥의 묘도 망우리에 있으니, 김분옥에 관한 상세한 내용은 다음의 「김분옥 편」에 별도로 소개한다.

학생들의 시위가 격해져 총독부가 3월 10일 휴교령을 내리자, 학생들은 각자 시골에 가서 만세운동을 하자고 결의하고, 유관순은 사촌언니 유예도와 함께 3월 13일 고향으로 내려왔다.

3월 16일 예배가 끝난 후 부친 유중권, 삼촌 유중무, 조인원 등 20여 명이 모인 자리에서 유관순은 몰래 가져온 독립선언서 한 장을 내보이며 서울의 상황을 전하고, 고향에서의 만세 시위를 의논하였다. 4월 1일(음력 3월 1일)로 날을 정한 후 가족 및 지령리교회 교인들과 태극기를 만드는 등 시위를 준비하고, 유예도와 함께 고향과 주변 지역으로 돌면서 참여를 독려했다.

전날인 3월 31일에는 교회 청년들과 매봉산에 올라가 야간 봉화 시위를 벌였다. 매봉산에서 횃불이 오르자 전후좌우 23개의 봉우리에서 연이어 봉화가 올라 내일의 틀림없는 거사를 확인해 주었다. 이때 횃불을 붙이기 전에 올린 유관순의 기도가 독립기념관 내의 어록비에 새겨져 있다.

오오 하나님이시여 이제 시간이 임박하였습니다.

원수 왜를 물리쳐 주시고 이 땅에 자유와 독립을 주소서.
내일 거사할 각 대표에게 더욱 용기와 힘을 주시고,
이로 말미암아 이 민족의 행복한 땅이 되게 하소서.
주와 같이 하시고 이 소녀에게 용기와 힘을 주옵소서.
대한독립만세! 대한독립만세!

4월 1일 당일, 병천시장(아우내 장터)의 장날이다. 여기 저기서 사람들이 모여들어 3천여 명에 이른 오후 1시경, 조인원이 장터 한가운데의 쌀가마 위에 올라가 독립선언

앙우리 언덕의 십자가

서를 낭독하고 독립만세를 외치자, 따라 부르는 군중의 만세 소리가 산천을 울렸다. 조인원을 선두로 유중권, 유중무 등의 지도자들이 뒤를 잇고, 유관순과 어머니, 그리고 군중이 독립만세를 외치며 행진했다.

주재소 앞까지 오자 기세에 놀란 헌병들은 총칼로 시위대를 진압하여, 유관순의 부모를 비롯해 19명이 목숨을 잃었고 43명이 부상을 입었다. 유관순은 군중 앞에서 연설을 하고 만세를 부르다 헌병의 칼에 찔려 쓰러졌다. 모두가 맨손으로 죽음을 무릅쓴 병천의 만세운동은 국내외에 널리 전해졌다.

옥중 순국으로 이태원묘지에

시위 가담자들은 체포되어 주모자인 유관순, 조인원, 유중무, 김상훈 등 4인은 1919년 5월 9일 공주지방법원에서 가장 무거운 5년형을 받고, 항소하여 1919년 6월 30일 경성복심법원(고등법원, 당시 최종심)에서도 유관순, 조인원, 유중무의 3인은 가장 무거운 3년형을 받았다.

3·1운동의 민족대표 손병희가 33인 중 가장 무거운 3년형을 받은 것을 보면, 병천 사건은 중대 사건이었음을 알 수 있다. 한편, 유관순의 오빠 유우석은 공주 영명학교 학생이었기에 병천 시위에는 참가하지 않고 공주읍내 만세운동에 주도적으로 참여해 징역 6월형을 받고 옥고를 치렀다.

서대문형무소 8호 감방에 갇힌 유관순은 자주 옥중 투쟁을 벌여 그때마다 지하 감방에 끌려가 모진 매를 맞았다. 7호 감방에 갇혔던 이화학당 교사 박인덕은 재판정에서 재판을 기다릴 때 유관순을 만나 "선생님, 나는 각오했습니다. 독립운동을 위해서 나는 죽어도 상관없습니다"라는 말을 들었다. 또 어느 날 "일본 놈들이 어머니와 아버지, 오빠와 마을 사람들을 죽이고 모든 것을 빼앗아 갔다"라고 유관순이 외치고, 감방 동료들을 이끌고 시위를 하려 하자 간수들이 유관순을 끌고 나가 때리는 것을 목격했다.

1920년 3월 1일에는 3·1운동 기념 만세를 주동한 죄로 매를 맞아 방광은 파열되고, 허리를 다치고, 곳곳의 상처에는 고름이 흘렀다. 만 17세의 어린 소녀는, 죽지 않을 만큼의 콩밥만 받아먹으면서 온몸의 고통과 부모를 한꺼번에 잃은 큰 슬픔, 남겨진 어린 동생들에 대한 걱정에 매일 울다가 마침내 9월 28일에 숨을 거두고 말았다.

10월 12일에 이화학당의 미국인 교사들과 친지들은 시신을 인수하였다. 10월 14일 소수 관계자만의 참가 하에 정동제일교회에서 김종우 목사의 주례로 입관 예배를 마치고 이태원공동묘지에 매장되었다. 이태원공동묘지에 매장된 후, 부모를 비롯한 친지 대부분이 순국하거나 옥고를 치르는 바람에 비석 하나 세우지 못하고 돌볼 사람도 여유도 없던 가운데, 1936년 택지 개발로 이태원공동묘지가 없어지면서 유관순 열사의 유해는 찾을 길 없이 100여 년이 흘렀던 것이다.

이제 유관순 열사는 외롭지 않다. 일단 우리가 자주 찾을 것이고, 이태원묘지무연분묘합장묘에는 유관순 열사뿐 아니라 3·1운동 때 만세를 부르며 따라갔던 많은 무명의 애국지사도 함께 계실 것이기

망우리 언덕의 십자가

때문이다. 또한 이화학당의 친구 김분옥도 뒤편 언덕에 있으며, 맞은편 언덕에는 「유관순」의 노랫말을 지으신 강소천 동생이 이쪽을 바라보고 있지 않은가.

3월 하늘 가만히 우러러보며
유관순 누나를 생각합니다
옥 속에 갇혔어도 만세 부르다
푸른 하늘 그리다 숨이 졌대요

3월 하늘 가만히 우러러보며
유관순 누나를 생각합니다
지금도 그 목소리 들릴 듯하여
푸른 하늘 우러러 불러봅니다.
- 「유관순」, 강소천 작사, 나운영 작곡

※ 찾아가는 길
관리사무소에서 위로 올라가면 유명인사 사진이 걸려 있는 장식가벽이 나오고,
바로 왼쪽에 진입 데크가 설치되어 있다.

유관순 열사의 이화학당 동기

김분옥
(金芬玉 1903~1966)

재학 시는 방학 때마다 농촌계몽운동과 전도 강연에 바빴고 3·1
운동 때 유관순과 같이 민족운동의 선봉이 되었다.

- 비문 중에서

앞서 말했듯 유관순 열사는 3·1운동이 발발하기 바로 전날에 김
분옥, 국현숙, 김희자, 서명학 등 4명의 고등과 1학년 학우들과 5인
의 결사대를 조직하고, 3월 1일에 담을 타넘어 만세 시위에 적극 참
여하였고 3월 5일의 학생연합시위에도 참여하였다.

또한 보훈처 공훈전자사료관의 〈독립운동사 제2권 삼일운
동사(상)〉에 인용된 이화학당 출신 애국지사 서명학의 증언
(1971.10.30.)에 의하면, 1919년 3월 5일 남대문 정거장 앞의 시위
에 참가한 이화학당 학생 6명은 유점선, 노예달, 신특실, 유관순, 서
명학, 김분옥이라 하였다.

사람의 증언에 따라 이 숫자와 명단이 조금씩 차이가 있는데, 3
월 1일의 참가자는 5인, 3월 5일의 참가자가 6인이라서 5인 혹은

6인의 결사대라는 숫자의 차이가 나오지 않았나 생각한다. 어쨌건 두 사료에 나타난 결사대의 명단에 모두 속한 김분옥과 그 모친의 묘가 정종배 시인에 의해 2019년에 발견되었다.

비석 앞면에는 십자가 아래에 '김분옥여사지묘(金芬玉女史之墓)', 뒷면에는 '3·1운동 때 유관순과 같이 민족운동의 선봉이 되었다'라고 분명히 새겨져 있다. 비문 전문을 옮긴다.

1903년 음 11월 12일 평남 강서군에서 내부 주사 김극서 씨 2녀로 탄생하시다. 어려서부터 영특하여 한국 여성의 무지 미개함을 통탄하고, 속히 현대 교육을 받아서 부녀 계몽을 하겠다고 결심하고 12세 때 상경하여 이화학당에 입학하시다. 성적이 우수하야 여러 번 월반도 하고 늘 수위를 차지하셨다. 재학 시는 방학 때마다 농촌계몽운동과 전도 강연에 바빴고 3.1운동 때 유관순과 같이 민족운동의 선봉이 되었다. 학교 당국에서는 그 재질을 상하야 이화대학을 졸업하자 장학생으로 도미 유학을 시켜 가사과를 전공케 하였고, 귀국 후는 모교에서 교편을 잡고 가사과 창설에 공을 남겼다. 미국에서 김해 후인(后人, 후세인) 김양천 씨와 알게 되어 1930년 귀국하야 결혼하고 3남2녀를 두어 단란한 가정 분위기 속에서 자녀 교육에 전심전력하시와 5남매 전원 도미 유학을 시켰고, 밖으로는 산업 발전에 힘써 국가 경제의 재건을 꾀하고 안으로는 근검절약을 몸소 실천하야 치산에 능하셨다. 조국 해방 후는 국가사회에 몸을 바쳐 경제면과 부녀 운동에 헌신 노력하여 많은 공을 남겼으며, 동기간이나 친지간에 우애가 깊어서 남을 돕고 협조하는 정신이 풍부하셨다. 말년에 부군을 따라 도미하여 재미 중인 자손을 고루 만나본 후, 고국에 유류 공급의 원활을 도모하여 조국 경제를 돕고자 모국 방문 여행 중 불의의 병으로 신음하다 약석의 효를 얻지 못하고 1966년 4월 13일 독실한 신앙을 갖고 영면 승천하시다. 주후 1966년 4월 30일 건립. 동생 만식 지음

김분옥은 도산 안창호와 같은 강서군 출신이다. 그래서인지 도산의 조카딸인 안성결(1912~2006)은 저서 『죽더라도 거짓이 없어라』(1996)에서 도산이 설립한 탄포리교회의 부흥을 위해 방학 때 언니 안맥결과 이대 가정과 김분옥 여사가 부흥 사업에 큰 도움을 주었고, 그가 1966년 정릉동에 도산중학교를 세울 때도 김분옥이 많은 도움을 주었다고 적었다.

김분옥의 모친 박남신의 묘가 구리 쪽 능선 너머 유상규 묘 근처에 있는데, 비석 앞면에 십자가가 새겨져 있고 뒷면에는 "1876년 음 11월 22일 평안남도 강서군에서 박연회 씨 2녀로 탄생. 18세 때 김해 김극서 씨(1882년생)와 결혼. 2남 2녀. 기독교 독실한 신자로 탄포리교회에서 여집사 10년. 인술에 능숙하여 다수 창생의 생명을 구원하고 조국 해방 후 월남하여 1957년 6월 25일 음 5월 27일 서울에서 별세. 향년 82세"라고 새겨져 있다. 즉 김분옥은 어릴

때부터 도산이 설립한 탄포리교회에 나갔음을 알 수 있다.

김분옥은 2녀(연옥, 분옥) 2남(민식, 춘식)의 차녀로 태어나 12세 때 상경하여 이화학당을 거쳐 이화여전 문과에 진학했다. 3학년 때 조선일보(1925.04.23.)가 이화의 대표적 운동선수를 소개할 때, 테니스 2인, 육상 1인과 함께 바스켓볼을 잘하는 선수로 김분옥을 소개하였는데, 김분옥은 특히 이문회(以文會, 이화학당 학생자치단체)에서 토론회나 웅변회가 열릴 때마다 매번 승리를 하는 학생으로 부친은 상업가라고 전했다.

1925년 11월 21일에 열린 이문회 창립 21주년 기념식 때 김분옥은 개회의 기도를 맡았다. 1927년 3월 이화여전을 졸업하고 동대문부인병원(현 이대부속병원) 간호원양성소 교사로 취직했다. 1927년 6월 26일에는 YMCA 강당에서 경성여자기독교청년회가 주최한 〈금일 우리 생활에는 구여자? 신여자?〉라는 주제의 토론회에 참석하였고, 1927년 10월 20일에는 천도교당에서 근우회 주최 여성문제토론회에 연사로 나와 "여성의 해방을 위해서는 지식 향상이 필요하다"고 역설했다. 1928년 5월 10일 YMCA의 신입생 음악회에는 '합창(지휘자?) 김분옥 양'으로 이름을 올렸다.

1929년 장학생으로 미국에 유학하여 오리건주립대에서 가정학을 공부하고, 1930년에 돌아와 이화여전 가사과(1929 신설) 교수로 부임하였다. 1930년 6월에는 강서군 탄포리교회에서 점진학교 동창회 주최로 열린 하기강연회에서 여성 문제를 강연하고, 동년 12월 1일~6일에 YMCA에서 정동교회 엡윗청년회 주최로 열린 '단기강좌통속대학'에서 '가정과(科)교육의 필요'에 관해 강연하였다.

1932년 11월 11일~12일에 평양기독교청년회에서 주최한 〈우리의 생활 보장에는 생산 증진이냐 소비 절약이냐의 가부(可否)〉 토론전에 참석하여 2등에 뽑혔다.

해방 후 초대 여자경찰국장

1947년 기사 사진

1933년에 학교를 퇴직하고 해방 전까지 육아에 전념하였다. 해방 후에는 미군정 하의 보건후생부 아동후생과에서 일하다 1947년 7월에 경무부 여자경찰과장(총경)에 임명되었다.

1948년 3월에 과가 국으로 승격되며 500여 명 여경의 수장인 초대 여자경찰국장으로 취임하였으나, 그해 9월 21일 의원사직하였다.

여자경찰은 1946년 7월 처음 도입되었는데, 여성운동가와 독립운동가 출신이 주축이 되었다. 김분옥 외에도 도산 안창호의 조카 안맥결 총경, 황현숙 경무관, 유관순 열사의 올케 노마리아 경감 등이 유명한데, 별도 기관이었던 여자경찰서는 1957년에 폐지되었다.

1949년 7월 28일에는 시민회관에서 열린 궐기대회에서 축첩 공무원 숙청을 요구하는 연설을 했다. 1952년 9월 28일에는 자유당 중앙위원 부인회 위원으로 선출되었고, 1960년에는 대한부인회 최고의원을 지내며 여성계의 지도자로 활약했다. 말년에는 유류의 한국 수입을 추진하다가 폐암 진단을 받고 수술을 받았으나, 결과가

망우리 언덕의 십자가

좋지 않아 1966년 세상을 떠났다.

이화학당 시절 유관순과 관련된 또 하나의 기록이 있다. 이화학당 출신 김금봉이 회고하길, "1919년 9월에 개학하여 학생들이 다시 모였을 때, 일본어 공부를 하지 않겠다고 스트라이크를 일으켰는데 그녀(유관순)와 김앨라, 유점선, 김분옥은 교장에게 일본말을 배우지 않겠다고 말하고 학교에 나오지 않았다"고 했다(《겨울》(교지), 제65호. 1955.10.10).

남편 김양천(金良千)은 평양 출신으로 미국 유학을 갔다 와 1941년 유한상사(주) 설립 시 이사로 참여했다. 정부 수립 후 이승만 대통령의 비서관으로 일하고, 1949년 5월 견미친선사절단 11명의 일원으로 미국에 다녀왔다. 1949년에 대한전국학생정구연맹 회장, 6·25 때는 주한유엔사령부에서 통역관을 지내고, 1961년 한국정경협회 이사를 지냈다. 1994년 12월 29일 서울고려병원에서 노환으로 향년 89세로 별세했다.

비석 좌측에는 아들 해리, 해영, 해승과 딸 애련, 애라, 애다의 3남 3녀의 이름이 적혀 있다. 비문의 '3남 2녀'와 왜 다른지 알 수 없다. 관리사무소의 유족 연락처에는 미국 샌프란시스코에 사는 장녀 애련의 이름이 적혀 있다. 그러나 전화를 걸면 "이 번호는 더 이상 서비스가 되지 않는다"는 자동음성만 들려온다.

묘도 관리가 되지 않았는데, 중랑구청이 2020년 9월 26일의 유관순 열사 순국 100주기(9.28)

추모식을 준비하면서 김분옥의 묘도 벌초했지만 잔디가 하나도 남지 않은 초라한 상태이다. 비석의 글만이 3·1운동 당시 유관순과 독립운동에 나선 사실을 후대에 전하고 있다.

※ 찾아가는 길
관리사무소에서 위로 가면 인물사진가벽이 나온다. 우측으로 50미터 가면 나오는 '사잇길 입구'로 10여 분 올라가면 '사색의 숲'이 나오고, 다시 3분 후에 '생명의 숲'이 나온다. '생명의 숲'을 10미터 지나 왼편 샛길로 들어가면 갓을 쓴 비석과 묘가 보인다.

그가 마지막으로 청한 말씀

죽산 조봉암
(竹山 曺奉岩 1899~1959)

우리가 독립운동을 할 때 돈이 준비되어서 한 것도 아니고 가능성이 있어서 한 것도 아니다. 옳은 일이기에, 또 아니 하고서는 안 될 일이기에 목숨을 걸고 싸웠지 아니하나. — 연보비

매년 7월 31일 11시에 망우리 조봉암 묘에서 추도식이 열린다. 화환이 많지만 드물게도 늘 대통령과 야당 대표의 화환이 좌우에 놓인다. 조봉암 평생의 정치철학인 좌우 통합을 말해 주는 듯하다. 위치도 좋고 관리도 잘되고 있으며 참배객도 많은 묘지다.

대학생 때 필자는 망우리공동묘지를 산책하다 우연히 죽산의 묘를 발견했는데, 비석의 크기로 보아 꽤 훌륭한 분일 것이라는 생각을 했다. 그러나 교과서에서 그의 이름을 본 적이 없었다. 다른 많은 납북·월북 인사처럼 죽산 조봉암은 대한민국에서는 오랫동안 입 밖에 낼 수 없는, 오로지 그 시대를 산 사람의 머릿속에서 존재하는 기억의 하나였다.

전쟁 때문에 한동안 우리는 문화의 반쪽을 외면하고 살았다.

6·25 후부터 1988년의 해금 전까지, 지금은 교과서에서도 배우는 월북작가 임화와 이태진은 물론, 재북이건 납북이건 북쪽에 관련된 작가의 말은 접할 수 없었다. 그리고 20년 후에 망우리공원을 찾아와 발견한 소설가 최학송과 극작가 함세덕, 사회주의 독립운동가 오기만, 김사국과 박원희 부부(비석), 학병동맹원 3인의 말도 그야말로 금시초문의 것이었다. 그런 시대에 간첩의 누명을 쓴 죽산에 관한 말은 아무도 할 수 없었다.

1990년대 이후, 이념의 문제로 감춰졌던 반쪽이 새롭게 조명을 받게 되었으니, 망우리공원은 좌우의 이념을, 독립지사와 친일파를, 무명의 서민을 모두 아우른 근대사의 보고로 서서히 주목을 받기 시작했다. 그 시대의 인사들이 남긴 영욕의 역사를 담담하게 우리에게 전해 주고 있다. 생전에 친했던 이들도 미워했던 이들도 지금 여기 한데 모여 있다. 필자에게는 잃어버린 반쪽의 대표적인 인물이 죽산 조봉암이었다.

조봉암의 비석에는 글이 없다. 왜 글이 없을까? 큰 비석의 앞면에는 단지 '죽산조봉암선생지묘(竹山曺奉岩先生之墓)'라고 새겨져 있을 뿐, 비석 좌우 뒷면에는 아무런 글이 없다. 묘지 입구의 연보비 뒷면을 읽어본다.

비석 뒷면

망우리 언덕의 십자가

1899 경기도 강화군에서 출생, 1919 3·1독립운동 가담 1년간 복역, 1925 '조선공산당' '고려공산청년회' 간부로 모스크바 코민테른 회의 참석, 1930 항일운동에 연루되어 신의주 감옥에서 7년간 복역, 1946 조선공산당과 결별. 중도통합노선 제시, 1948 제헌국회의원. 초대농림부장관 역임, 1950 국회부의장 역임, 1952 제2, 3대 대통령 출마, 1956 '진보당' 창당 위원장 역임 및 평화통일 주창

연보비의 1899는 원래 1898로 되어 있었는데, 최근에 호적에 근거해 1899로 수정되었다. 하지만 과거에 호적 나이는 실제 나이보다 늦은 경우가 많아 실제는 1898일 수도 있다. 이 연보비의 제일 마지막에 들어갈 말, 그러나 차마 새기지 못한 말은 이렇다.

1959년 국가보안법 위반으로 대법원에서 사형선고를 받고 처형

망우리 매장 당시에는 비석도 세우지 못하게 했다. 일제강점기에 총독부가 독립지사의 묘에 비석을 세우지 못하게 한 것과 다르지 않다. 비석은 자유당 정권 몰락 후 1961년에 세운 것인데, 단지 앞면의 이름 하나 새긴 것을 가지고도 서예가 김충현은 국가기관의 조사를 받았다고 한다. 그러나 침묵은 수많은 말보다 더 많은 말을 들려준다. 말 없는 비석이 전하는 침묵의 소리(Sound of Silence)를 들어본다.

잠두교회의 청년 권사

조봉암은 강화보통학교 2학년 때부터 나가기 시작한 잠두교회에서 12세 때 세례를 받았다. 신문리 잠두교회(강화중앙교회)는 1900년에 주선일 등에 의해 창립된 감리교회로 잠두의숙(합일초), 복민의숙(강화실업고) 등의 학교를 설립하여 강화도의 선교와 민족 교육의 중심이 되었다.

후에 고려공산당의 당수이자 임시정부 국무총리를 지낸 이동휘(1873~1935)는 1903년 강화 진위대 대장으로 부임한 후에 잠두교회에 나가며 권사가 되었다. 그는 기독교야말로 쓰러져 가는 나라와 민족을 구할 수 있다는 신념 하에 1904년에 보창학교를 설립하고, 1905년 일제의 압박으로 진위대가 축소되자 아예 군직을 사임하고 강화 곳곳에 70여 개(1907)의 학교를 세우며 종교와 교육을 통한 애국계몽운동을 펼쳤다.

'강화의 바울'이라 불린 이동휘가 강화를 떠난 후인 1907년 8월 1일에 한국군 해산으로 '정미의병'이 일어나자 8월 10일 강화에서도 옛 부하들이 의병을 일으켰는데, 이 사건에 잠두교회 교인 3인이 연루되어 순교하였다.

이러한 잠두교회에서 어린 조봉암은 민족 해방의 의식을 키웠다. 보통학교 졸업 후 2년제 농업보습학교를 졸업하고 강화군청의 사환으로 근무하다 2년 후에 고원(임시직 공무원)으로 채용되었다. 1917년 18세 때 상사와 사사건건 충돌하다가 군청을 그만두고 열심히 잠두교회에 나가기 시작했다. 교회의 엡윗청년회 활동도 하며 교회 일에 발 벗고 나서서, 목사 이하 교인 모두가 '조봉암 권사'라고 불렀다.

교회에서 첫사랑 김이옥을 만났다. 김이옥은 부유한 양반 가문의 딸로, 명문 경성여고보에 입학한 13세의 소녀였다. 방학 때마다 강화로 돌아와 교회에서 조봉암과 오빠동생으로 지내고, 강화도의 3 · 1운동 때는 조봉암을 도와 독립선언서 필사에 참여했다. 체포된 조봉암은 끝내 김이옥의 이름을 함구하여 그녀를 지켰다.

청년시절의 조봉암

김이옥은 서대문형무소에서 옥고를 치르는 조봉암을 자주 찾았다. 어느 날 김이옥은 조봉암에게 자신을 어떻게 생각하느냐고 물었다. 조봉암은 눈빛으로만 대답할 뿐 입 밖으로는 아무 말도 할 수 없었다. 김이옥의 부모는 어릴 때 사망했지만 가장인 오빠가 빈농의 아들 조봉암을 받아들이지 않았던 것이다. 두 사람은 헤어지고 김이옥은 이화여전 음악과에 입학했다.

조봉암은 경성으로 올라와 YMCA중학부에서 공부하다 1921년 일본으로 유학을 떠났다. 엿장수를 하며 주오(中央)대학 전문부 정치경제과에 다니며 아나키즘과 사회주의 서적을 탐독했다. 아나키즘에 경도되어 박열 등과 흑도회를 조직했으나, 너무 관념적인 아나키즘에 만족하지 못하고 조직적인 독립운동을 위해 사회주의로 기울어졌다.

조봉암은 해박한 이론과 언변으로 지도자적 존재가 되었다. 그 즈음 일본 제국주의 타도의 길을 사회주의에서 발견한 기독교인이 많았는데, 독립지사 중에서는 이동휘, 여운형이 대표적인 인물이었다. 본서의 박희도, 유상규, 장덕수, 김말봉 등도 1920년대에는 사회주의에 호의적인 입장이었다.

1922년 학업을 중단하고 귀국한 조봉암은 곧바로 모스크바로 가서 동방노력자공산대학에서 공부하고, 코민테른의 지시를 받아 1924년에 국내에 들어와 2월 11일 감찬, 박헌영. 김단야 등과 신흥청년동맹을 결성하였다.

그는 전국을 돌며 사회계몽 강연을 하면서 전국적인 지명도를 높였다. 이때 함께 활동한 여자고학생상조회의 김조이와 6월 30일 결혼했다. 9월에 조선일보 기자로 들어갔으나 기자 일보다는 조직 활동에 힘써 1925년 4월 김찬, 김재봉, 박헌영 등과 조선공산당(1차)을 비밀리에 조직하였다.

8월 모스크바로 가서 조선공산당 조직의 승인을 받고 상해로 왔다가 11월 국내의 공산당 조직이 발각되는 바람에 조봉암은 국내로 들어오지 못하고, 1926년 1월 조선공산당 상해 해외부를 설치하고 5월에 만주총국을 조직하였다.

그런데 어느 날, 첫사랑 김이옥이 무작정 조봉암을 찾아 상해로 왔다. 폐결핵에 걸려 오래 살지 못한다는 선고를 받고 마지막으로 죽산을 만나기 위해서였다. 둘은 함께 살며 1928년에 딸 호정을 낳았다. 이로 인해 그는, 동지 김조이를 배반하고 부르주아 여성과 살며 상해에서 안주했다는 박헌영 등의 비난을 받았다. 결국 이 일은 훗날까지 조봉암의 약점으로 작용했다. 그동안 김조이는 다른 남자 동지와 동거했다.

1932년 9월 일경에 체포된 조봉암은 신의주감옥에서 복역하였다. 그동안에 김이옥은 호정을 데리고 강화로 돌아와 1934년에 사망했다. 1939년에 출옥한 조봉암은 다시 김조이와 재결합하고 호정을 데려왔다.

함흥감옥에서의 옥고로 김조이가 아이를 낳지 못한 이유도 있어, 조봉암은 인천에서 비강업조합장 시절 비서였던 여인과의 사이에 임정(1947), 의정(1950)의 2녀를 낳았고, 다른 여인에게서 아들 규호(1949)를 얻었다. 양반가에서 어릴 때부터 조부와 부친의 축첩을 보고 자란 김조이는 담담히 호정과 규호를 맡아서 키우다가 6·25 때 납북되었다.

초대 농림부장관으로 농지 개혁

해방 후 죽산의 박헌영에 대한 편지가 공개되며 죽산은 공산당과 공식적으로 결별하고, 인천에서 제헌국회의원에 당선되었다. 어느 날 국회에서 논란이 벌어졌을 때 조봉암이 발언권을 얻어 의견을 피력하자, 이승만은 크게 감복하여 의장석에서 내려가 조봉암을 얼싸안았고 후에 대한민국의 초대 농림부장관으로 기용하였다.

농림부장관 조봉암은 농지 개혁을 성공적으로 수행했다. 유상몰수 유상분배였지만, 소작농에게 유리한 조건이었다. 양곡매입법의 제정, 농업협동조합의 설립도 추진하였다. 6·25 전에 박헌영은 "우리가 밀고 내려가면 남한의 농민들이 모두 봉기할 것"이라고 김일

장년의 조봉암

성에게 장담했지만, 농지 개혁으로 자작농이 된 많은 농민은 북한의 선전에 넘어가지 않았던 것이다.

여기에서 조봉암을 존경하는 나머지 미처 보지 못하는 부분이 있다. 모든 국정의 최종 책임은 대통령에게 있으니, 농지 개혁의 공은 장관 조봉암뿐 아니라 대통령 이승만도 함께 나눠 가져야 하는 것이다. 가해자를 속이 시키면 악한으로 규정하고 싶지만, 그건 감성적 영역의 판단이다.

반공, 승공, 멸공이 국시였던 시절, 죽산은 극우와 극좌를 배척하는 중도의 길을 걸었다. 이승만과 결별한 죽산은 1952년 제2대 대통령선거 때는 불과 79만 표(11%)를 얻었으나, 1956년 제3대 대통령선거에서는 200만 표(30%)를 넘게 얻어 이승만의 장기 집권을 위협하는 존재로 떠올랐다. 부정선거가 거듭되는 시절이라 실제로는 더 많은 표가 나왔을 것이니, 그는 집권 세력의 최우선 제거 대상이 되었다.

소위 '진보당 사건'이라고 하는데, 북쪽과의 내통 혐의로 죽산은 구속되었다. 재판 당시에도 언론은 끊임없이 의혹을 제기하고 미국도 경고의 메시지를 보냈으나, 정적은 서둘러서 1959년 7월 31일 11시 끝내 조봉암의 사형을 집행하였다.

인물 조봉암을 누구보다 잘 알고 있으며, 광복 후 경찰청장으로 좌익 검거에 앞장서 국무총리까지 지낸 장택상은, 자신의 구명운동

망우리 언덕의 십자가

에도 불구하고 죽산의 사형이 집행되자 후에 이렇게 회고했다.

> 법은 법이라 뭐라 자신은 판단하기 어려우나 죽산은 공산주의 테두리를 벗어났다고 믿고 있다… 법무장관을 만나 죽산의 형 집행을 3·15선거 후로 미루는 것으로 합의를 보았는데… 집행되었다. 법무장관의 배신이었고 식언이었다. 이 배신에 대한 심판은 이 세상에서 받지 아니하면 천국에 가서라도 받게 될 것이다.
> ─ 『상록의 자유혼』 중에서

죽산의 명예 회복 작업이 오랫동안 지체된 이유의 하나는, 북한이 혁명열사릉의 김규식, 조소앙 선생 묘 옆에 죽산의 허묘를 만들었다는 사실 때문이었다. 원래 공산당에서 출발했지만 광복 후 박헌영의 노선을 비판하면서 공산당과 결별한 죽산은, 당시 북쪽에서조차 '반역자'로 매도됐다.

그러나 북한은 죽산을 복권시켜 북쪽의 편으로 만들어버렸다. 죽산에게는 청하지도 않은 불리한 증인이 꼬리표처럼 따라다닌 셈이다. 다행히도 2003년에 죽산의 묘는 여운형과 함께 혁명열사릉에서 사라졌다(월간 『민족21』, 2003년 4월호).

마지막에 청한 성경 말씀

일부 강경 우파에게 그는 여전히 좌익으로 취급되고, 동시에 최근 힘이 커진 일부 강경 좌파에게 그는 변절자로 취급된다. 하지만 죽산에 관한 뉴스가 나올 때마다 드물게도 조선일보와 한겨레신문이 비슷하게 호의적인 기사를 쓴다. 죽산이야말로 동시에 좌우의 존경을 받는 이상적인 정치인이 아닐 수 없다. 죽산은 대법원에서 사형을 선고받은 후 다음과 같은 말을 남겼다.

법이 그런 모양이니 별수가 있느냐. 길 가던 사람도 차에 치여 죽고 침실에서 자는 듯이 죽는 사람도 있는데 60이 넘은 나를 처형해야만 되겠다니 이제 별수가 있겠느냐. 판결은 잘됐다. 무죄가 안 될 바에야 차라리 죽는 것이 낫다. 정치란 다 그런 것이다. 나는 만 사람이 살자는 이념이었고, 이 박사는 한 사람이 잘살자는 이념이 었다. 이념이 다른 사람이 서로 대립할 때에는 한쪽이 없어져야만 승리가 있는 것이다. 그럼으로써 중간에 있는 사람들의 마음이 편안하게 되는 것이다. 정치를 하자면 그만한 각오는 해야 한다.

죽산은 죽음의 순간에도 "내 억울하게 죽으니 후세가 내 한을 풀어 달라"고 호소하지 않았다. 그랬다면 그 인물됨은 현세에 국한된다. 하지만 그의 도량은 시대를 초월할 만큼 컸다. 죽음을 앞에 두고도 남긴 이 말은, 그의 정신적 바탕에 기독교 신앙이 있음을 말해 준다.

죽산의 연보비 앞면에 새겨진 글(두서) 또한 우리의 가슴을 뭉클하게 한다. '독립운동'이라는 말을 당신이 하고자 하는 그 무엇으로 바꾸어 읽어보라. 필자는 답사 안내를 할 때마다, 특히 학생들에게는 이 글을 소리 내어 읽게 하고 이렇게 말한다.

"여러분! '유학 보내줄 환경도 아닌데 공부해 봤자 뭐해' 하며

▲ 연보비
동아일보(1959.08.01.) ▶

핑계대지 마세요. 나이키 광고처럼 'Just Do It', 그냥 열심히 하세요. 그러면 길은 열립니다. 그 모습을 본 누군가가 손을 내밀어 줍니다. 아무것도 하지 않으면 막상 찬스가 와도 그걸 잡을 수 없습니다. '독립운동 해봤자 뭐해' 하며 아무것도 하지 않았다면, 아마 해방 후에도 독립의 의사, 자치 능력이 없는 민족으로 취급받아 누군가의 지배를 다시 받았을 겁니다. 그래서 우리는 애국지사의 고귀한 헌신을 잊지 않기 위해 여기를 찾아와 인사드리는 것입니다."

"믿음은 바라는 것들의 실상이요 보지 못하는 것들의 증거니 선진들이 이로써 증거를 얻었느니라(히브리서 11:1~2)"라는 말씀을 연보비의 말을 빗대어 해석하면, 독립(바라는 것, 소망, 보이지 않는 것)의 실현(실상, 증거)은 확실한 믿음에 달려 있는 것이며, 선조들도 그렇게 하여 결과(증거)를 얻었다는 것이다.

121

애국지사 조만식 장로도 마태복음 17장 20절을 "태산을 움직이는 것은 이론이 아니라 신념이다"라고 해석했다. 또한 성경의 "구하라 그러면 너희에게 주실 것이요(마태7:7)", "깨어 있으라. 그때가 언제인지 알지 못함이니라…그가 홀연히 와서 너희의 자는 것을 보지 않도록 하라(마가13:33, 36)"라는 말씀도 떠올릴 수 있을 것이다.

교수대로 옮겨진 죽산은 입회한 목사에게 설교와 기도를 청했다. 목사는 성경을 펴고 누가복음 23장을 읽었다.

"빌라도가 세 번째 말하되 이 사람이 무슨 악한 일을 하였느냐. 나는 그 죽일 죄를 찾지 못하였나니 때려서 놓으리라 한대 저희가 큰 소리로 재촉하여 십자가에 못 박기를 구하니 저희의 소리가 이긴지라 (누가 23:22~23)"

어릴 때 뿌리 내린 기독교 신앙은, 아무리 청년 때 공산주의에 경도되었어도 끝내 사라지지 않고 그를 다시 자유민주주의로 돌아오게 하는 동력으로 작용했을 것이다.

사람들이 만든 이념은 우리를 가두고 옭아매고 구속한다. 오로지 진리만이 우리를 자유롭게 한다. 먼 길을 떠났다 돌아온 사람, 바쁜 정치 일정으로 교회에는 나가지 못했지만 하나님의 말씀을 현실에서 실천하고자 한 사람, 그러나 과거의 행적 때문에 이념의 희생양이 되어 십자가에 못 박힌 사람, 죽산이 마지막으로 간 곳은 영원한 안식처, 하나님의 품이었다.

2011년 재심에서 무죄 판결

죽산의 사상은 그와 친분이 있던 강원룡 목사로 대표되는 개신교의 민주화, 평화 통일, 종교 화합이라는 하나의 큰 흐름으로 이어졌다는 평가를 받는다.

오랜 세월이 지난 2007년 9월 27일 진실화해위원회는, 국가보안법 위반죄로 1959년 사형당한 조봉암과 유가족에게 사과하고, 그 피해를 구제하며 명예를 회복시킬 것을 국가에 권고했다. 이에 따라 유족은 2008년 8월에 대법원에 재심을 신청하였고, 마침내 2011년 대법원은 전원 일치로 무죄 판결을 내렸다.

2011년 1월 20일 무죄 판결을 받은 그날, 유족과 기념사업회 관계자들은 곧바로 망우리로 달려와 묘소를 참배하였다. 장남 규호 씨가 아버님께 판결문을 읽어드렸다. 읽다가 울고, 다시 읽다가 또 울었다.

납북된 부인 김조이는 2008년에 독립지사 서훈(건국포장)을 받았다. 하지만 죽산은 1941년 인천비강업조합장 시절 국방성금 150원을 낸 사실이 매일신보에 실려 있어 독립지사 서훈이 보류되었다.

장녀 조호정 여사는 어머니와 같은 이화여대 영문과를 나와 부친의 비서로 일하고, 시인 이봉래와 결혼했다. 이봉래(1922~1998)는 진보당에도 참여했고, 후에 영화감독, 예총회장, 한국현대시인협회장을 지냈다. 남편과 함께 조호정 여사는 부친의 명예 회복에 평생을 바쳤고, 아흔이 넘은 지금은 몸이 편치 않아 따님 이성란 여사가 사회활동을 대신하고 있다.

죽산 조봉암의 묘 입구

아들 조규호 씨는 10여 년 전의 인터뷰 당시에는 "진행 중인 재심에 대해 공식적인 판결이 나오면 비로소 비석에 글을 새길 것"이라고 다짐했는데, 무죄 판결 후에 다시 곰곰이 생각해 보니 글 없는 비석 또한 시대의 아픔을 증거하는 유물이라는 생각에 그대로 두었다고 한다.

조규호 씨는 부친의 풍모를 꼭 닮았다. 그는 공수특전단에 입대했으나 '특수임무 부적격자'의 통지를 받고 공병대에 전출되었고, 제약회사에 다닐 때는 미국 출장을 가려고 하자 '요시찰 인물'이라며 여권 발급이 거부되었다. 회사 경험을 살려 약국을 경영하며 평범하게 살면서 가족 모두 가톨릭에 귀의했다. 마지막으로 그는 이렇게 말했다.

"아버지를 그렇게 만든 모든 사람, 저는 이미 용서했습니다. 아버지의 마음도 그러하시리라 생각합니다. 돌아가시기 전에 하신 말씀도 그러했습니다. 요즘 아버님을 생각할 때마다 저는 예수님의 삶이 떠오릅니다. 평화 통일을 이루고 모두가 잘사는 나라를 만들고자 했지만, 정적이 자신에게 씌운 거짓 운명을 담담히 받아들이고 가신 부친의 삶은 예수님의 삶을 그대로 따른 게 아니었을까 하는 생각이 듭니다. 아버님은 씨를 뿌리고 가신 선구자였습니다."

※ 찾아가는 길
장식가벽에서 좌측 방향으로 동락천, 방정환을 지나 한용운 바로 다음에 나온다. 반대 방향으로는 동락정에서 100미터 정도 가면 앞에 보인다. 이 근처는 봄날에 벚꽃이 만발하여 경치가 매우 좋다.

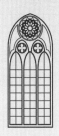

2부 눈물의 씨앗 기쁨의 열매

눈물을 흘리며 씨를 뿌리는 자는

기쁨으로 거두리로다.

울며 씨를 뿌리러 나가는 자는

반드시 기쁨으로

그 곡식 단을 가지고 돌아오리로다.

- 시편126편 5~6절 -

한국인 최초의 의료선교사

해관 오긍선 (海觀 吳兢善 1878~1963)
(장남 오한영, 제자 이영준)

　해관 오긍선 선생. 교육자, 의사. 연세대학교 의과대학 전신인
세브란스의학전문학교 최초 한국인 교장을 역임하고 현대의학 도
입과 발전에 기여하였으며, 일생 동안 우리나라 의학 발전과 사회
사업에 헌신하시다.　　　　　　　　　　　　　　　　－ 연보비

　아호 해관(海觀)은 인류를 생각하면서 세계를 바라본다는 의미이
다. 우리나라 최초로 외국에서 서양의학(종두법)을 도입하고 국립
의대(관립의학교)의 초대 교장인 지석영 선생과, 우리나라 최초의
피부과 의사이며 최초의 한국인 세브란스의전 교장이었던 오긍선
선생이 모두 망우리에 있다.

　서울의대와 연세의대의 선구자가 여기에 계시고, 조선의사협회
창립의 주역인 유상규, 오한영, 이영준 의사가 여기에 있으니, 이곳
은 가히 '의학계의 성지'라고 할 수 있다.

　그 밖에도 해관은 우리나라 '최초'의 타이틀이 많다. 한국인 최초
의 의료선교사이며, 한인 최초의 고아원(1919년 경성보육원)도 설

립했다. 그리고 동아일보 1962년 11월 3일 기사는, 소파상 수상자가 해관임을 알리면서 그가 "의학박사이면서 우리나라 제1호의 의사 면허를 가진 분"으로 소개하였는데, '제1호'를 그대로 옮겨 적은 자료는 많아도 정확한 근거를 댄 자료는 찾지 못했다. 1914년 11월 총독부로부터 받은 면허번호는 70번이었다. 해방 후 1946년에 미 군정청이 의사면허등록을 갱신하였는데, 이때 제1호가 되지 않았을까 추정한다.

해관의 가문은 9대조 오윤겸이 인조 때 영의정, 7대조 오도일이 현종 때 병조판서, 6대조 오수엽이 청주목사를 지낸 공주의 명가이다. 구한말에 종5품 봉훈랑의 품계를 받은 오인묵(1850~1933)의 1남 3녀 중 장남으로 1878년에 태어났다. 한학을 공부했으나 과거가 1894년 갑오개혁으로 폐지되자, 1896년 18세에 상경하여 내부(내무부) 주사로 관직에 들어갔다. 그러나 개화에 눈을 뜬 그는 몇 달 후 공직을 사임하고, 1896년 10월에 배재학당에 들어가 신학문을 배웠다.

2년 선배 이승만 등과 독립협회 간사로 일하다 만민공동회 사건으로 정부가 탄압에 나서자 낙향했다. 공주의 침례교 선교사 스텐드만의 집에 피신한 것이 계기가 되어 그의 한글 선생이 되고, 1900년 배재학당 졸업 후 스테드만에게 금강에서 침례를 받았다. 스테드만이 일본으로 옮겨가자 해관은 군산야소병원장으로 부임한 남장로교 의료선교사 알렉산더의 한글 선생으로 일하다, 1902년 알렉산더가 부친상으로 미국으로 돌아갈 때 그의 후원으로 미국 유학을 떠났다.

켄터키주의 센트럴대학에서 물리와 화학을 공부하고, 1904년 루이빌의과대학에 편입하여 1907년 졸업, 의사 면허와 의학박사 학위를 받았다. 그곳 시립병원에서 6개월간 인턴으로 근무하고, 남장로교 선교회의 의료선교사 자격으로 1907년 10월 한국으로 파견되었다. 한국인 의료선교사로서는 처음이자 마지막이었다.

한편 그는 배재학당 때는 감리교, 스테드만의 한글 선생 때는 침례교, 유학 중에는 남장로교로 교적을 옮겼다. 기독교인으로서는 이례적으로 일상생활에서도 술과 담배를 하는 등 교파를 초월한 신앙관을 평생 유지했다.

1908년 귀국 후, 순종 황제는 치하하며 황실의 전의(정3품, 월급 150원)를 권유하고 이토 통감은 대한의원(서울의대병원) 의관을 제안하였으나 모두 사양하고, 선교사의 임무를 수행하기 위해 임지 군산으로 내려와 월급 50원의 군산 구암의 야소교(예수교)병원장으로 부임하였다.

부임 다음 해 1909년에는 부친을 설득하여 기독교 신자가 되게 했을 뿐 아니라, 부친의 도움으로 군산 구암리 장로교회를 건립하였다. 또한 교육선교사업으로 구암교회 주일학교를 소학교 과정의 안락학교로 확대 설립하고, 중등 과정의 영명학교도 세웠다. 부친은 구암교회 장로로 장립되어, 주일이면 멀리서 온 교인들에게 점심을 대접하는 일을 낙으로 삼았다. 해관은 이후 1910년에는 광주 야소교병원장, 1911년에는 목포야소교병원장을 맡으며 정명여학교 교장도 겸임했다.

이렇게 의료와 교육, 선교에 힘쓰다가 1912년 세브란스가 교파

연합의 의학교가 되자 남장로교 대표로 파송되어 교수 및 부속병원 의사로 임용되었다. 일제가 요구하는 교수 조건을 갖추기 위해 1916년에 동경제국대학 의학부에서 피부비뇨기학을 1년간 공부하고 돌아와 1917년 한국 최초로 피부과를 신설하여 과장 겸 주임교수가 되었다.

1921년 학감으로 임용되어 9년, 부교장으로 4년간 의전을 훌륭하게 경영하여 1934년 에비슨에 이어 한국인 최초로 세브란스의전 2대 교장이 되었다. 이 공로로 1934년 모교 센트럴대학의 자랑스런 동문으로 추대되고 명예이학박사, 루이빌대학에서 명예법학박사를 받았다.

또한 교직 외에도 YMCA 이사(1920), 공창폐지운동(1924), 조선정구협회(1928, 회장), 조선연합선교회(1930), 나병구제연구회(1931), 조선기독교육연맹(1935) 등 다양한 사회활동에 참여했다.

그러나 중일전쟁 후 일제의 압박이 강해지면서 때로는 적절히 타협하고 때로는 신사참배 거부 등의 문제로 총독부와 갈등을 빚었다. 결국 1941년 9월 스스로 65세 정년제를 만들어, 총독부의 일본인 교장 임명 압력을 물리치고 교장직을 제자 이영준에게 물려주고, 1942년 1월에 퇴직하였다.

해방 후에는 트루먼 대통령이 친서를 보내 미군정 민정장관을 권하고, 이승만 대통령은 사회부장관을 제의하였으나 모두 거절하였다. 공직에 머문 것은 단 한 번뿐이었다. 부산 피난 시절에 동래에서 어렵게 사는 순정효황후(윤비, 순종 계비)를 딱하게 생각하던 참에, 그 자신도 주사로서 구황실의 은혜를 입은 바도 있어 구황실

재산관리총국장직을 잠시 맡은 적이 있었지만, 본인의 의사가 제대로 수용되지 않는 것을 보고 미련 없이 자리에서 물러났다.

기독교 관련으로는 평생 평신도로서 1946년 YMCA 이사, 1949년 성서공회 이사장, 1952년 대한기독교서회 이사장을 맡았다. 그 외로는 보육원을 비롯한 사회사업에 힘썼다. 1962년에 소파상이 수여된 것은, 1919년 경성보육원을 설립하여 고아를 보호 육성하는데 몸을 바쳤고, 1962년 당시에도 85세 나이에 보육원을 손수 운영하여, 평생을 통하여 깨끗한 지조의 인격자이며 '고아들의 아버지'라는 이유에서였다.

경성보육원은 1936년 안양으로 옮겨 '안양기독보육원'으로 이름을 바꾸었고, 1998년에는 '해관보육원', 2007년에는 '좋은집'으로 바꾸었다. 1918년 12월 25일 해관이 남대문시장에서 떠도는 고아 7명을 자택에 수용한 날을 창설일로 하고 있다.

서양과 한국의 조화를 이룬 독특한 석묘

말년을 고아들과 함께한 해관은, 자신의 명이 다한 것을 자각하여 복약도 거부하고 1963년 5월 18일 86세를 일기로 서대문 자택에서 초연하게 죽음을 맞이했다. 지병은 앞서간 장남과 같은 고혈압. 5월 22일 새문안교회에서 연세의대학장으로 장례식이 거행되고 망우리 가족 묘지에 안장되었다. 의학계에서의 업적뿐 아니라 별세하기까지 2,400여 명의 고아를 돌보는 등 자선사업에 대한 공로로 사후 1963년에 문화훈장 대한민국장이 추서되었다.

외손녀 최숙경(이대 명예교수)은 "팔순이 넘었을 때도 일의 분주

▲ 1920년 고아들과

소파상 수상 기사 ▶
(동아일보 1962.11.03.)

손기정과 함께 ▼

함에 대해 말한 적이 없었고, 피곤하다는 말 한 번 없이 묵묵히 '타
이핑'하던 모습이 두고두고 뇌리에서 사라지지 않는다"고 두 손가
락의 할아버지 타이피스트를 회상하였다(『해관 오긍선』).

해관 오긍선 선생 기념사업회와 연세의대는, 해관의 위업을 기
리기 위해 〈해관 오긍선 선생 기념 학술강연회〉를 1977년부터 매

133

오긍선 가족묘

년 개최하고 있고, 1985년에는 세브란스 병원 구내에 오긍선의 동
상이 제막되었다.

연보비 바로 오른쪽 돌계단으로 올라가면, 입구 기둥에 해주오
씨영역(海州吳氏塋域)이라고 쓰여 있다. 그 기둥 바로 왼쪽에 갓머
리를 쓴 비석이 보이는데, 부친 오인묵의 적선비이다. 앞면에 '감찰
오인묵적선비(監察吳仁黙積善碑)'라고 새겨져 있다.

오인묵이 대원군 시절에 감찰 벼슬을 하였는데, 전라도에 3년 연
속 흉년이 들자 공주에서 금강으로 쌀을 싣고 내려가 군산 사람들
에게 베풀었다. 부친 생전에 그들이 송덕비를 만들어서 세웠는데,
생전에 비석을 세우는 것은 옳지 못하다 하여 비석을 논바닥에 묻
었다가 부친이 별세한 후에 함께 망우리로 옮겨 온 것이다. 적선비
옆면의 한문 내용에 의하면 소작인들이 비를 세운 것은 1926년(병
인년) 봄이고, 매장하였다가 오긍선이 이곳에 옮겨 세운 것은 1939
년이다.

다시 계단을 올라 묘역에 들어서면 특이한 모양의 무덤들이 보

망우리 언덕의 십자가

인다. 망우리공원에 이와 같이 개성
적인 묘는 보기 힘들다. 원래는 통
상의 봉분이었으나 후에 자손이 새
로 만든 것이다. "여관에 있다가 이
제 내 집으로 돌아간다"는 말을 남
기고 해관이 운명하였다는 언론인
유광렬의 말을 떠올리게 하듯, 무덤
은 생전에 살던 한옥의 지붕을 연상
시킨다. 서양식이되 전통을 살린 모

오긍선 근영

양이다. 해관은 매일 조석으로 부모에게 문안을 드리는 것은 물론,
부모 방의 불도 손수 땔 정도로 효자였고, 14세 때 결혼한 5살 연상
의 부인과 2남 3녀를 낳고 해로하였다.

보건부장관을 지낸 장남 오한영 (吳漢泳 1898~1952)

맨 오른쪽이 오긍선 부부이고 왼쪽은 부모의 묘다. 부모 묘 왼쪽
밑에는 오긍선의 사촌인 오창선(부 오신묵, 자 오해영)의 묘이고, 밑
에 있는 묘는 오긍선의 장남 오한영 부부의
묘이다.

운암(雲庵) 오한영은 1898년 5월 11일 공
주읍에서 태어났다. 1923년 세브란스의전을
우등으로 졸업하고, 5월에 미국으로 떠나 미
국 에모리대 의학박사를 받아 1926년에 귀
국했다. 후에 총독부의 자격 요건을 갖추기

장남 오한영

위해 교토대 내과 의학박사(1934)를 취득하였다.

1930년 2월 21일 조선의사협회 창립총회 때는 유상규(사회자), 백인제 등과 함께 위원으로 참여하고, 1935년 9월 25일의 정기총회에서는 유상규, 이영준 등과 간사로 임명되었다. 세브란스 교수와 병원장을 지냈고, 6·25 때 국립경찰병원장을 거쳐 1950년 11월 제2대 보건부장관이 되어 우리나라 보건 행정의 기초를 쌓았다. 과로로 인한 고혈압 악화로 1952년 2월에 의원면직하고, 4월 14일에 55세의 나이로 부산에서 소천하여 부친보다 망우리의 가족묘지에 먼저 왔다. 1968년에 세워진 비석 가득히 적힌 글은 친우 주요한이 짓고 원곡 김기승이 썼다.

또한 그는 스포츠에 능해 1928년에는 세브란스 의전의 빙상, 등산, 수영, 조정부의 코치로 학생을 지도했고 1929년 조선체육회 정구 부문의 간사로 뽑혔는데, 이때 주요한이 체육회의 이사로 함께 일했다. 야구, 축구 등에도 지도자로 활약하여 전 조선 연합의 고려야구단 단장(1930), 세브란스의전 축구부 감독(1930~32)을 지냈다. 1933년에는 연희전문과 세의전 교직원 축구시합에, 1937년에는 양교 교직원 탁구시합에 선수로 출전했다.

1973년 이후로 망우리에 새로운 묘가 들어서지 못해 가족묘역에 함께하지 못한 자손을 소개한다. 1995년 현재 4대 30여명이 의사인 명문가(조선일보, 1995.01.18.)이나 직계 손자까지만 소개한다.

차남 오진영(1911~1981)은 경성제국대학 사학과를 1934년에 졸업한 후 다시 법학과를 1936년에 졸업하고, 대학원에서 한국법제사를 전공하였다. 해방 후 국학대학 교수 및 교무처장, 1948년

감찰위원회(감사원) 감찰관, 주일대표부 상무관, 홍익대 법대 교수를 역임한 후 1963년 선친을 이어 고아원을 운영했다. 부인 윤의경은 4대 대통령 윤보선의 동생이다.

오긍선의 손자이며 오한영의 장남인 오중근(1923~1983)은, 1958년 국립의료원 의무관으로 공직을 시작하여 1975년부터 국립마산결핵병원장으로 8년간 재임하다 정년퇴직을 1년 앞둔 83년 7월에 순직했다. 차남 오장근(1927~2009)은 국립철도병원장, 국립서울병원장을 거쳐 1981년부터 해관재단 이사장을 지냈다. 두 분 다 연세의대 의학박사로, 특이한 것은 오긍선의 직계 자손들은 의사로서 공직에 있었을 뿐 은퇴 후에도 개업을 하지 않았다는 점이다.

해관은 "의료가 축재의 목적이 되어서는 아니 되며 개업의가 한 사람 늘면 그만큼 조선에 가난한 사람이 더 생긴다"고 하였다. 한때 장남 오한영이 개업의 뜻을 비치자, "한국에 와서 청년 교육을 위해 일생을 바치는 서양 사람도 있는데, 한국 사람으로서 어찌 명리에만 치중할 수 있겠는가"라고 크게 책망하였다. 또 그는 안방에 액자 하나를 걸어 두었는데, 지폐 한 장이 붙어 있고 그 옆에 "돈을 사랑함은 모든 악의 뿌리"라는 디모데전서(6:10)의 말씀을 적어 가훈으로 삼았다.

오긍선 아래에 잠든 후계자 이영준 (李榮俊 1896~1968)

해관 묘역을 내려오는 계단 오른 편에 세브란스 3대 교장인 이영준의 묘가 있다. 묘번 203620. 공주 이씨 57대손이고 호는 행농(杏

儂)이며 가톨릭 세례명은 시몬이다.

이영준은 1896년 9월 17일 대구에서 출생하여 대구 계성학교를 거쳐 양정고보를 졸업했다. 1915년 경기도 사립학교 교원 시험에 합격하여 개성에서 초등학교 교사를 할 때 결혼하고, 1921년 아들까지 낳은 26세의 늦은 나이에 세브란스에 입학하였다.

한국성결신문(2012.02.01.)에 따르면, 애국지사 이상철 목사(1897~1935)가 계성학교 동기생인데, 이상철 목사는 3·1운동 때 세브란스의전의 이영준에게서 독립선언문을 입수하여 현풍, 고령 지역의 만세운동을 이끌었다고 한다. 하지만 연세의대 자료에는 이영준이 1921년 학번이니 이 부분은 좀 더 조사가 필요하다.

젊은 시절의 이영준 ▶
◀ 이영준 박사 학위 취득 기사
(동아일보 1933.02.26.)

웅변도 잘하고 원만한 성격에 지도력을 갖춘 이영준은 학감 오긍선의 눈에 들어 1927년 졸업 후 곧바로 오긍선의 조교로 임용되었다. 세브란스 출신 임상의로는 최초로 동경제국대학에서 1933년에 박사학위를 받은 후, 피부과 주임교수와 부속병원장을 거쳐 1942년 오긍선에 이어 세브란스 3대 교장(~1945)이 되었다.

망우리 언덕의 십자가

당시 미국과 전쟁 중이던 일제는, 미국계 학교를 적산(敵産)으로 간주하였고 미국인 교수는 모두 추방했다. 미국으로부터의 지원이 끊기고 총독부의 압박에 학교의 존립이 위태로울 때, 이영준은 능력을 발휘하여 여러 민족 재산가의 기부를 이끌어내고, 총독부와도 교묘한 교섭을 통하여 해방 때까지 학교를 지켜낸 인물로 평가된다.

그러한 정치력을 증명이라도 하듯, 이영준은 해방과 동시에 교장을 물러나 정계로 진출하였다. 한민당 재정부장 및 간사장, 대한적십자사 사무총장(1952), 국회의원(1,4,5,6대), 1대 문교사회위원장, 4, 5대 국회부의장, 민정당 간사장, 동아일보 고문 등을 역임하였다. 1968년 8월 18일 72세를 일기로 슬하에 4남을 두고 별세하였다. 22일 명동성당에서 영결식이 거행되고, 망우리에 있는 스승 오긍선의 아래 자리에 들어왔다.

1969년 추석에 세워진 비석의 글은 윤보선 전 대통령이 지었고, 서예가 정필선이 썼다. 세브란스의 역사를 말하는 많은 사진에서 이영준이 항상 오긍선의 바로 옆에 있는 것을 볼 수 있다. 그렇게 이영준은 고인이 되어서도 존경하는 스승 오긍선 옆을 떠나지 않았다.

이영준 비석

교육계의 친일 문제

한편, 오긍선과 이영준이 세브란스 교장 시절 친일 행위를 했다는 점을 지적하는 사람이 있다. 어느 인터넷 백과사전은 "오긍선의 생애에 대해서는 한국 최초의 양의사로서 서양의학의 선구자이며 기독교적 양심을 지닌 사회사업가, 또는 기독교와 의술을 출세에 이용한 기회주의적 친일인사라는 이중적인 판단이 상존하고 있다"고 하였는데, 저술자가 그의 삶을 개관한 글을 한 번이라도 읽어보았다면 공·과를 같은 무게로 서술한 이런 글은 도저히 나올 수 없다.

박사 학위를 취득하면 큰 뉴스요, 주요 고등보통학교 졸업생 명단도 해마다 신문에 실리던 시절, 우리에게 청년 교육은 총성 없는 독립운동이었다. 그것이 지금까지 이어져 내려와 세계 속의 대한민국을 이룬 원동력이 되었음은 아무도 의심치 않는다. 그래서 해관은 개업보다는 교육에 큰 의미를 두었다. 정치적으로 얽매이지 않기 위해 일찌감치 개업의가 되었다면, 명예도 지키고 큰돈을 모았을 것이다.

그 당시 교장을 맡는다는 것이 얼마나 어려운 일인지, 윤치호는 1940년 연희전문 교장직을 수락하면서 이렇게 토로한 바 있다.

교장직을 수락해서 속을 끓이게 될 게 뻔하다. 만족시켜야 할 사람들이 너무나 많다. 군당국, 경찰당국, 도청 및 총독부 당국자들이 바로 그들이다. 그런가 하면 연희전문 내부에도 달래기가 쉽지 않은 파벌들이 도사리고 있다.

　　- 『윤치호 일기』 중에서

또 그렇게 어려운 교장직에 있는 오긍선에 대한 평가는 이러했다.

이 학교는 매년 20만 원 정도 적자를 냈다. 하지만 그는 학교와 병원의 책임을 맡기가 무섭게 수지를 맞추는 데 성공했다. 그에게 결점이 있다면, 교수로 있는 선교사들을 너무 고압적으로 다룬다는 점이다. 이 점 때문에 외국인 그룹 전체가 그의 적이 되고 말았다.
  - 『윤치호 일기』 중에서

그리고 당시의 통계를 살펴보면, 경성의전 등의 관립학교는 조선 학생보다 일본 학생이 더 많았다. 윤치호는 1933년 6월 30일의 일기에서 "사범학교는 일본인 80%에 조선인 20%였고, 경성의전은 조선인 20%였던 것이 8%가 만주국 학생에게 할당되어 12%로 더 낮아졌다"고 한탄했다. 그리고 유일한 대학인 경성제대 의학부도 비공식적으로 일본인과 조선인을 7:3의 비율로 뽑았다. 이에 반해 세브란스의전은 일제 말에 일본인 교수와 학생이 몇 명 들어왔을 뿐 학생은 조선인이 100%에 가까웠다.

1944년에 세브란스의전에 입학한 양재모 연대 명예교수가 증언하길, "당시 학교는 정원 100명을 넘어 154명을 뽑았는데, 조선 청년이 징병에 끌려가지 않도록 정원을 대폭 늘렸던 것이다. 이 때문에 이영준 교장은 총독부에 시말서를 썼다"고 했다(중앙일보 2013.11.03.). 또한 일제의 기독교계 학교에 대한 탄압으로 미국 선교단체에서 들어오던 자금이 봉쇄되어 세브란스는 폐교의 위기에 몰렸는데, 이영준 교장은 1943년 민족 자산가 조병학, 조중환 부자로부터 60만평의 땅을 기부 받아 폐교를 모면할 수 있었다(오마이뉴스, 2007.03.01.).

조선인의 고급 인재 교육을 철저히 억제하는 정책 하에서, 세브란스에 대한 총독부의 접수 시도는 계속되고 미국의 지원도 끊긴 상태에서, 두 조선인 교장의 일제에 대한 불가피한 협력이 방패가 되어 조선 청년 교육이 지켜진 공은 결코 가볍지 않다. 친일의 멍에를 쓰지 않기 위해 교장직을 물러났다면, 그 자리에 누가 올 것이며 학교는 어떻게 되었을 것인가.

그런 상황을 피해 칩거하거나 해외로 떠난 사람들은, 과연 이 땅에 남아서 치욕의 행적을 남긴 이들에게 손가락질을 할 수 있겠는가. 따라서 사료에 나타난 그들의 친일 흔적을 지적하기 전에 반드시 위와 같은 시대 상황의 인식이 전제되어야 할 것이다.

※ 찾아가는 길
순환로 구리 쪽 아사카와 다쿠미 묘를 지나면 동락천 약수터가 나오고, 바로 왼쪽에 연보비가 서 있다. 그 위쪽으로 올라가면 가족묘가 나온다. 이영준은 오긍선의 가족묘 입구 계단 중간의 왼쪽에 있다.

망우리 언덕의 십자가

기미 33인의 기독교 대표

중앙보육학교장 박희도
(朴熙道 1889~1951)

기미년독립선언 민족대표 삼십삼인 중 고 박희도 선생지묘

고(故)선생은 단기 4222년(1889) 8월 11일에 해주에서 출생하
여 그 후 기미독립선언 민족대표 삼십삼인 중의 한 사람으로 항일
투쟁을 하다 투옥되었으며, 출감 후에도 계속해서 민족의 신생활
운동 교육사업에 이바지하던 중 단기 4284년(1951) 9월 26일에 서
거하다. 단기 4291년(1958) 7월 8일 건립 육군정훈학교 장병 일동.

- 비문

기미 33인의 3인이 망우리에 있다. 불교계 대표 만해 한용운, 천
도교계 대표 위창 오세창, 그리고 기독교계 대표 박희도가 그들이
다. 33인의 나용환, 박동완, 이종일, 홍병기 또한 여기에 묘가 있었
으나, 1966년에 현충원으로 이장되었다. 만약 남아 있었다면 33인
의 7인이나 있는 셈이 된다.

바로 위에 있는 묘가 부모님의 묘인데, 비석 뒤에 차남으로 박희
도의 이름이 새겨져 있다. 민족대표 33인 중의 한 사람인데, 일반인

에게는 이름이 생소하다. 일제 말기의 친일 행위로 그는 역사의 뒷면으로 밀려났기 때문이다. 그렇지 않았다면 아마 3·1운동의 주역으로 크게 조명을 받았을 것이다.

박희도 근영

박희도는 1889년 황해도 해주에서 박계근의 차남으로 출생했다. 어려서 한문을 배우고 해주 의창학교를 졸업한 후 16세에 북감리교회 신자가 되어 평양 숭실학교에 진학, 선교사 베커(A. C. Becker, 1879~1978)의 도움으로 학교를 졸업했다. 경성으로 와서 협성신학교(현 감리교신학대)에서 공부하다 중도에 그만두고, 연희전문학교 문과도 중퇴하였다.

1890년에 아펜젤러가 정동제일교회에 이어 두 번째로 종로에 설립한 중앙교회에, 박희도는 장낙도, 유양호 목사와 함께 1916년에 중앙유치원을 세웠다. 우리나라 아동 교육의 선구자는 방정환이고, 유아 교육의 선구자는 박희도라고 할 수 있다. 이는 후에 중앙보육학교, 중앙대학교로 발전하였는데, 예로부터 중앙대 유아교육학과가 유아교육계를 이끌었던 것은 이러한 역사적 배경 때문이다.

1917년에 영신학교(현 매동초)를 설립하고, 베커가 교장으로 있던 협성학교(장로교와 감리교 연합)의 부교장을 맡았다. 한편 1917년부터 중앙교회의 전도사로 시무하고, 1918년 9월부터는 초교파 단체인 중앙기독교청년회(YMCA) 학생부와 회우부 간사를 맡아 기독교 각파 인사와 청년, 학생들과의 인맥을 형성하게 되었다. 이는

망우리 언덕의 십자가

3·1운동 때 그가 청년, 학생층의 지도자로서 크게 활약하게 된 기반이 되었다.

3·1운동의 실무자, 청년학생들의 지도자

3·1운동 대표 33인의 구성을 보면 기독교 16명, 천도교 15명, 불교 2명이다. 이 비율에서 기독교의 비중을 잘 알 수 있다. 애초 3·1운동은 크게 천도교와 기독교, 그리고 학생들의 세 그룹에서 제각기 준비를 진행하고 있었다. 박희도는 학생 그룹의 지도자인 동시에 기독교 그룹의 실무자로서 중추적인 역할을 하며 세 그룹의 연합에 크게 기여했다.

그리고 기독교 대표 박희도와 이갑성은 1889년생 동갑으로 최연소였는데, 한때 1889년 5월 23일생이라고 하여 대표자 중 최연소로 알려졌던 김창준은 최근 자료에 의하면 1890년 5월 3일생으로 밝혀졌다(518p, 『3.1운동과 기독교민족대표 16인』, 2019). 김창준은 숭실학교 동창이며, 함께 중앙교회 전도사로 있는 박희도의 권유를 받고 대표자로 참여한 것 외로는 달리 큰 역할은 보이지 않는다. 감리교의 박희도와 장로교의 이갑성, 두 청년이 양교파 대표자의 연합과 학생 모집에 큰 역할을 한 것으로 보인다.

박희도는 2월 17일 남감리교의 오화영, 정춘수 목사를 만나 남·북감리교회 연대를 결의하고 즉시 동지를 모았다. 그리고 자신이 속한 북감리교 정동교회의 전도사 박동완과 중앙교회 전도사 김창준, 해주읍교회 목사 최성모(이필주에게 전달), 수원 삼일학교 교사 김세환 등을 끌어당기고, 마침 당시 미국 감리교 선교 100주년 기념집회에 참석한 지방 목회자들을 접촉하여 뜻을 전하였다.

또한 서울에 온 평양 남산현교회 목사 신홍식을 통해, 평북 오산 학교 설립자 이승훈과 2월 20일에 만나 감리교와 장로교에서 각각 따로 준비하던 독립운동을 통합시키는 데 결정적 역할을 하였다. 그렇게 박희도는 3·1운동에서 기독교계의 회계를 맡으며 민족대표 포섭에 실무적인 역할을 수행했다.

다음으로 청년, 학생들의 참여에 관한 활동을 살펴보자.

〈왜정시대인물자료〉에 의하면, 박희도는 "1919년 3월 소요사건 으로 학생 측의 주령(主領, 우두머리)으로서 소요에 간여하였다"고 기재되어 있다. 즉, 박희도를 3·1운동 학생 동원의 주모자로 적시한 것이다.

박희도는 YMCA 간사로 일하며 교류하게 된 김원벽(연희전문), 강기덕(보성전문), 한위건(경성의전) 등의 학생 지도자와 만나 독립 운동의 계획을 은밀히 알리고, 그들이 주선한 2월 22일의 전문학교 학생 대표자의 회합에서 독립운동의 참여를 요청하였다. 동시에 박 희도는 비밀리에 시내의 많은 고보생들의 참여도 도모했다. 3·1운 동 당시 학생이었던 애국지사들의 증언에 박희도의 이름이 빈번하 게 등장한다.

『열사가 된 의사들』(한국의사100주년기념재단, 2017)에서 의사 김 형기(1896~1950)는, 1919년 경성의전 재학 중, 부산의 재경유학 생 회장으로서 경성의전 대표인 주종선, 이공후, 김문벽 등과 같이 박희도로부터 독립운동을 위한 학생들의 역할을 전해 듣고 각 학교 대표들과 모임을 열었다고 하였다.

앙우리 언덕의 십자가

제주도 초대 교육감을 지낸 의사 최정숙(1902~1977) 또한 경성 여고보 사범과 학생 때 박희도의 권유로 비밀 학생 조직(79결사대)에 참여하여 파고다공원의 만세운동에 참여했다고 증언했다. 마찬가지로 최초의 여기자 최은희는, 경성여고보 재학 때 3·1운동 2년 전부터 동향 어른 박희도가 비밀서클을 조직케 하고, 2월 28일에 자택으로 불러 3월 1일에 학생을 데리고 나오라고 했다고 증언했다(동아일보, 1979.03.05.).

그리고 유관순 열사가 관련된 병천의 3·1운동 거사에 관해서는, 박희도 → 김세환(48인) → 현석칠(공주) → 우리암(Williams, 천안 지방 감리사) → 안창호(천안) → 유관순으로 이어진 연락망이 『매봉교회가 낳은 민족의 보배 유관순』(홍석창)에 상세하게 소개되어 있다.

또한 3월 1일 탑골공원에서 독립선언서를 낭독했던 정재용(애국장)은, 경신중학을 졸업하고 고향 해주로 돌아와 교회 학교의 교감으로 있었는데, 고향 친구 박희도의 편지를 받고 상경했다고 증언했다(조선 1969.01.14.).

박희도는 3·1운동 대표자들과 함께 체포되어 보안법 위반으로 경성지방법원에서 징역 1년 6월을 선고받고 1921년 11월에 출옥했다. 1922년 1월 기독교교역자양성회 발기인 및 총무를 맡았고, 9월에는 용두리(용두동) 교회 전도사로 파송되었다.

출옥 후 박희도는 교육과 출판을 통한 민족운동으로 방향을 틀고, 1922년 3월 YMCA 간부 및 동아일보 기자인 김명식을 주필로 하여 우리나라 최초의 사회주의 잡지 《신생활》을 창간하였다. 그러나 내용이 불온하다는 이유로 일제는 수차 검열과 삭제를 반복하다가 마침내 1922년 11월에 발간한 '러시아혁명 5주년' 기념호의 필화사건으로 박희도를 포함한 편집진들이 검거되어 재판에 회부되었다. 이는 우리나라 최초의 사회주의 관계 재판이 되었다. 이 시기에는 조봉암을 비롯한 많은 청년 기독교인들이 사회주의를 통한 민족운동에 경도되는 큰 흐름이 형성되었다.

박희도는 다시 함흥감옥에서 2년의 옥고를 치르고 1925년 1월에 출옥하였다. 출옥 후 그는 재건된 중앙유치원 원장 및 사범과 교사로 있다가 1928년에 중앙보육학교로 정식 인가를 받으면서 초대 교장에 취임하였다. 1932년 4월 경영난으로 임영신에게 자리를 넘겨주기까지 교육사업에 종사하였다. 이때 교수진으로 참여한 방정환과 교유하여 박희도는 후에 방정환 장례식에서 추도사를 읽었다. 방정환의 묘는 박희도와 100여 미터 떨어진 곳에 있다.

1927년 2월 15일 박희도는 좌우 합작의 신간회 창립대회에서 간사로 선임되었으며, 1929년 7월에는 신간회 중앙집행위원으로 선임되어 항일투쟁에 앞장서는 모습이었다.

그러나 1934년 최린 등이 결성한 시중회(時中會)에 이사로 참여하며 자치론으로 경도되더니, 1939년 1월 《동양지광(東洋之光)》이라는 친일적 일문 잡지를 시작하여 내선일체, 전쟁 협력의 주장을 폈다. 1939년 5월에는 국민정신총동원조선연맹 참사, 조선인전보국단 평의원을 지내고, 1945년 6월에는 조선언론보국회에도 참여하며 친일의 길을 걸었다.

박희도가 1949년 반민족행위특별조사위원회의 조사를 받고 풀

박희도의 묘

려난 후, 1951년 사망 때까지의 행적은 어느 자료에도 보이지 않는
다. 이 공백을 메우는 단서가 바로 고인의 비석에 나타난 육군정훈
학교에 있을 것으로 생각하여 여러모로 조사한 바, 박희도는 사망
전까지 육군정훈학교에 나가 강의를 하였다는 증언을 공군 준장 출
신 유응섭(유상규 차남) 선생을 통해 얻을 수 있었다.

그리고 조선일보 1958년 7월 14일의 기사에 의하면, 박희도
의 묘는 원래 미아리공동묘지에 있었으나 도시계획으로 묘지가 사
라지게 되자 유족은 유해를 이장할 돈조차 없어 애태웠다고 한다.
이 모습을 보고 육군정훈학교 교관 이원복 중위(『한국동란』의 저
자,1969)의 발의로, 동교 53기생 및 기간병들이 5만 환의 성금을
모아 망우리로 이장하고, 7월 10일 학교장 박남표 준장 이하 장병
일동은 미망인 김희신 여사를 비롯한 유가족을 모신 가운데 묘비
제막식을 거행하였다.

부인 김희신은 1968년 1월 27일 1남 2녀를 두고 향년 75세로
별세하여 정릉감리교회에서 영결식을 갖고 망우리에 합장되었다.

그래도 조선의 양심

죽은 자들은 / 산 자들의 짐이다
살아서 흘린 피 / 살아서 남긴 욕
살아서 피운 꽃 / 모두 짐이다
 - 남태식의 「짐」

시인 남태식의 말처럼, 독립지사가 흘린 피와 만해 한용운이 피운 꽃뿐만 아니라 박희도가 남긴 욕 또한 우리가 짊어지고 가야 할 짐이다. 모두가 우리의 조상이다. 빼앗긴 땅에서 살아간 당시의 사회인 대부분은 크건 적건 시대가 내린 치욕의 책임에서 자유로울 수 없었다. 친일파 연구로 평생을 바친 임종국(1929~1989) 선생도 부친의 친일 행적을 눈물로 기록할 수밖에 없었다.

임종국 선생은 저서 『실록 친일파』 중의 「일제 말 친일군상의 실태」라는 글에서 "…친일행위를 인신공격의 자료로 삼으려는 경향도 있었다. 그러나 이 점에서 반민법은 분명히 시효가 지났다. 또한 이런 자에게 묻노니, 그대는 저 여인을 돌로 칠 수 있다고 자신하겠는가? 전비(前非)로써 현재의 지위를 위협당할 사람도 없겠거니와, 이로써 위협을 하려는 자 있다면, 그 비열함이야말로 침을 뱉어 마땅한 일일 것이다"라고 했다.

그는 또 같은 책 「민족대표 33인 중의 훼절」이라는 글에서 이렇게 끝을 맺었다.

앙우리 언덕의 십자가

민족대표 33인 중 10%의 변절이 한국인에게 수치만 되는 것은 아니라고 말하고 싶다. 한 민족의 한 시대의 비극이 그들의 추문이 될 수도 없는 것이다. 친일자의 전부에 해당할 말은 아니지만, 적어도 민족대표 중의 4명(박희도, 최린, 정춘수, 최남선. 최남선은 33인에 속하지 않으나 3·1독립선언서를 기초)만큼은 한 시대의 민족의 비극을 고뇌하면서 살다간, 변절을 했을망정 그래도 조선의 양심이었다. 이들 4명의 죄상보다는 식민정략의 정체에 대한 인식이 앞서야 한다는 것을 말하고 싶다.

즉 친일을 하였기에 우리의 귀감이 될 수는 없지만, 국민에게 매도당할 만한 친일 인사는 아니라는 말이다. 그런데 임종국 선생의 뜻을 잇고 있다는 사람 중에는, 위의 말은 무시하고 오로지 친일 인사의 매도에 일관하고 있는 이들이 있다.

군이 기독교 정신을 들지 않더라도 사랑과 용서의 마음으로 국민을 통합하고 앞으로 나아가야 하는 것이 진정한 '진보'일 것이다. 전쟁으로 우리를 해친 북한도 이제는 용서하고 손을 잡자고 하면서도 왜 친일 인사는 그렇게 하지 못하는가.

임종국 선생처럼 일제강점기의 쓰라린 기억이 생생했던 분들은 이미 과거에 이를 정리했고, 『친일인명사전』(2009)의 발간사에서도 위원장 윤경로(새문안교회 장로)는 "우리 모두 역사의 진전을 위해 잘못된 과거를 인정하고 반성하는 용기를 보여줍시다. 그리고 이를 통해 관용과 화합의 새 장을 마련하기를 진심으로 바란다"고 하였는데, '관용과 화합'의 새 장은 언제쯤 마련될 것인가.

박희도 비석

지금도 우리 사회에서는 친일파 문제가 여전히 논란이 되고 있지만, 이미 오래전에 '종교의 마음'(육군정훈학교)은 고인 박희도에게 생전의 공적을 비석에 새겨 주고 부모 밑에 고이 잠들게 했다.

형제 모두 독립운동가

박희도의 형 희숙(熙淑 1886~?)은 배재고보를 거쳐 신학교를 졸업하였다. 1913년 3월 이래 옹진군 마산읍에서 전도에 종사하고, 3·1운동 때 동생 박희도를 도와 독립선언서를 배부하고 체포를 피해 장승조와 함께 7월에 중국으로 도항하였다.

임시정부에 3,500원의 자금을 제공하고, 1921년 1월 고등법원에서 보안법 위반 및 횡령죄로 징역 2년에 처해졌다. 이후 1923년 만주 봉천의 감리교회 목사로 사역하고, 봉천조선인청년회에 임원으로 참여한 사실이 보인다. 그 후의 행적은 알 수 없다.

여동생 영복(永福 1892~1965)은 1919년 8월 2일 미국에서 창단한 대한여자애국단 조직에 참여하여 제2대 총부단장이 되었다. 1934년 미국 대한여자애국단의 LA지부 단장을 맡는 등 대한인국민회와 흥사단을 지원한 공적으로 2015년에 건국포장을 받았다. 두 번의 결혼으로 남편 권영대, 강영문의 성을 따서 권영복 혹은 강영복으로도 불린다. 딸이라 당시의 풍습으로 부모의 비석에는 이름이 새겨지지 않았다.

남동생 희성(熙成 1896~1937)은 광복군 비행장교 1호로 기록된

망우리 언덕의 십자가

애국지사이다. 연희전문 시절에는 축구부 주장을 지냈는데, "미국으로 가서 비행술을 배워 독립전쟁을 준비하라"는 형 박희도의 권유로 1918년 미국에 입국하였다. 1920년 2월 임시정부가 캘리포니아 윌로스에 세운 한인비행사 양성소에 3월에 입학, 1년간 비행술을 배웠다. 1921년 3월 노다이 지방에서 열린 대운동회에서 시험비행을 하여 '한인소년비행대장'이라는 애칭을 얻었다.

5월에 면허 시험에 합격하여 7월 7일에 국제항공연맹으로부터 조종사 자격증을 받았고, 이에 임시정부는 7월 18일에 박희성을 이용근과 함께 육군비행병 참위(소위)로 임명하였다. 그러나 박 지사는 끝내 독립전쟁에 참가하지 못하고, 비행사고의 후유증으로 병석에 있다가 1937년 41세의 나이로 세상을 떠나 LA에 안장되었다. 이 사실이 교포 언론에 의해 알려지면서 건국포장의 서훈을 받고, 2010년 11월 한국으로 봉환되었다.

박희성의 대전현충원 안장식에는 미국에 사는 박희도의 손자 박홍남 씨가 참석했다. 그는 친일파 가족이라 떼돈 벌어 이민 갔다는 오해를 받았는데, 1977년 자신이 부친을 따라 미국으로 떠날 때 거의 무일푼이었고, 부친은 세탁소 등을 하며 자식을 키웠다고 전했다. 그는 지금 뉴저지주에서 평범한 회사원으로 살고 있다.

한편, 망우리의 박희도 묘를 오랫동안 돌본 사람이 있었다. 유관순 열사가 이화학당 시절 찍은 단체 사진(98쪽 참조)에서 유관순 열사가 어깨동무를 한 바로 옆의 소녀, 황온순(1903~2004)이다. 휘경학원(1970) 설립자이며, 전쟁고아의 어머니로 미국 영화 〈전송가(Battle Hymn)〉(1957)의 실제 인물이다.

황해도 연안 출신으로 1916년 이화학당 중등부에 입학하여 1918년 3월에 졸업하고, 경성여고보 1년 때 부친의 별세로 고향에 돌아왔다. 황해도의 3·1운동에 참여하고, 1921년 박희도의 조언으로 유아 교육을 공부하고자 중국의 길림여자사범학교에서 3년간 공부하고 유치원 교사를 하다가 귀국하였다. 이후 이화여전 유치사범과에 입학, 2회로 졸업하였다. 박희도의 가족이 미국에서 자리 잡지 못했던 시절, 유족을 대신하여 오랫동안 망우리의 묘를 돌보았다.

※ 찾아가는 길
관리사무소 위의 장식가벽에서 왼쪽으로 20여 분 가서 방정환, 오세창 이정표를 지나 서병호 연보비를 지나면 왼쪽에 팻말이 보인다. 만해 한용운의 묘 가기 전이다.

망우리 언덕의 십자가

동아일보의 초대 주필

설산 장덕수
(雪山 張德洙 1894~1947)

조선 민중의 표현기관으로 자부하노라.

민주주의를 지지하노라.

문화주의를 제창하노라.

-연보비 〈주지(主旨)를 선명하노라〉 중에서

나라에 목숨을 바친 4형제

장덕수 형제들은 모두 나라를 위해 목숨을 바쳤다. 두 살 위의 둘째형 덕준(1892~1920)은, 황해도 재령의 명신학교를 졸업하고 평양일일신문의 조선어판 주간을 지냈다. 동생의 영향으로 그도 동경에 유학 갔으나 학교는 다니지 않고, 일본인 진보 인사와 조선인 유학생과의 교유에 치중했다.

조선기독교청년회 간사를 잠시 맡았으나, 3·1운동 후 총독부가 민간지 발행을 허가하려는 움직임이 보이자 귀국하여 매일신보 편집장 출신의 이상협과 함께 신문 창간을 준비하였다. 백방으로 뛰어도 자금이 확보되지 않자, 마침내 자산가인 인촌 김성수에게 타진한 것이 1920년 4월 1일의 동아일보 창간으로 이어졌다.

형 장덕준

덕준은 동아일보의 발기인으로 동생 덕수와 함께 참여하였고, 설립 후에는 초대 사회부장 및 정리부장을 맡았다. 초기의 사설은 장덕수, 장덕준, 김명식, 최무순 등 4명이 돌아가며 썼는데, 논제를 둘러싸고 매번 열띤 토론을 벌였다. 그중 장덕준이 가장 성격이 괄괄하여 논쟁이 고조되면 책상을 치고 의자를 던지기도 했다. 동정을 살피러 온 미와 경부는 이 광경을 보고 "동아일보 간부들이 싸운다"는 보고를 했다는 일화도 전한다.

그러나 그해 10월 일제가 사건을 조작하여 조선인을 학살한 '훈춘사건'이 터지자, 덕준은 주위의 만류에도 불구하고 "사람의 목숨은 정의를 위해 살고 정의를 위해 죽는 것"이라며 자원하여 취재하러 갔다가 행방불명되어 우리나라 최초의 순직기자로 기록되었다.

후에 간도의 동포가 전하기를, "어느 날 아침 일본 헌병이 와서 취재를 안내하겠다며 데리고 나간 후 돌아오지 않았다"는 것이다. 동아일보는 1930년 4월 1일 창간 10주년을 기념하면서, 끝내 소식이 없는 그의 죽음을 마침내 인정하고 순직자로서 추도 기사를 실었다.

동생 덕진은 3·1운동 후 오동진 등과 광제청년단을 조직하여 항일투쟁에 뛰어든 테러리스트였다. 1920년 8월에 평양남도경찰

동생 장덕진

부, 평양시청, 평양경찰서에 폭탄을 던졌다. 1923년 12월에는 상해교민단 의경대의 수석대원(행동대장)에 임명되어 교포 재산과 생명의 보호 임무를 맡는 한편, 1924년에는 청년동맹회의 집행위원에 선임되었다.

1924년 8월 16일 독립운동 자금을 모으고자 상해의 카지노에 권총을 들고 뛰어들어 판돈을 긁어모아 밖으로 나가다가 중국인 경비원의 총을 맞아 병원에서 숨을 거두고, 상해의 기독교인 묘지에 안장되었다. 후에 서울 현충원에 위패가 봉안되고, 1963년에 건국훈장 독립장이 추서되었다.

임정 요원의 안내를 받아 은밀히 상해의 장례식에 참석했다 돌아온 어머니는 막내딸 덕희에게 이렇게 전했다.

"네 작은 오라비가 장하게 죽었드라. 마음이 놓인다."

그리고 배가 다른 맏형 덕주 또한 동생들의 행적을 캐묻는 일경의 고문에 병을 얻어 세상을 떠났으니, 4형제가 모두 나라에 목숨을 바치게 되었던 것이다.

일제강점기의 독립운동

덕수는 다른 형제 덕준, 덕진의 성격에 냉철한 이성이 추가된 인물로 전해진다. 설산 장덕수는 1894년 12월 10일 황해도 재령군에서 장봉도의 4남 1녀 중 3남으로 태어났다. 서당에서 한문을 배웠고, 개방적인 부친의 허락 하에 형제들과 인근 해평교회를 다녔다. 이때 접한 기독교 정신과 미국·영국 유학에서 이식된 자유민주주의는, 그로 하여금 지상에 하느님의 나라를 이룩하려는 삶의 철학이 되었다.

1901년에 사립 연의학교에 입학해 1906년에 졸업하였으나, 부친이 1907년 47세로 급서하자 형제들의 미래는 암담하게 되었다. 덕수의 재능을 아깝게 생각한 일본인 관리의 도움으로 진남포 이사청(통감부 시절의 지방청)의 급사와 평양부청 고원(雇員)을 지내며 독학으로 1911년 판임관 시험에 합격하였다.

당시에는 판임관이 되면 군서기가 되어 조선인으로서는 큰 출세로 쳤는데, 덕수는 총독부의 말단관리에 안주하고 싶지 않았다. 모친과 형의 격려로 큰 꿈을 갖고 다시 와세다 대학의 강의록을 독학으로 마치고, 1912년 일본 유학을 떠나 와세다 예과에 입학하고 1913년에 본과 정치경제학과에 진학했다.

신문배달 등 온갖 잡일을 하며 고학하는 가운데 김성수, 송진우, 최두선 등과 인연을 맺었다. 특히 인촌 김성수는 평생의 은인이 되어, 이로 인해 설산은 일제 말기 인촌의 방패가 되어 친일 행적을 남기게 된다.

장덕수는 재학 중에 조선인유학생학우회 평의원, 유학생 잡지 《학지광》의 편집위원을 지냈다. 2학년 때에는 전일본대학생웅변대회에서 〈동양평화와 일본의 민주주의〉라는 연제로 1등을 차지하고, 1916년 정치경제학과를 차석으로 졸업하였다. 한편 재학 중에 동경의 한국 YMCA에서 부간사로 일하고, 규단자카(九段坂)에 있는 어떤 예수교회에서 서양 노부인의 영어성경반에 다니며 간사 일을 봤다고 한다.

1917년 귀국하였으나 총독부 취직 알선도 거절하고 고향 가까운 마을의 김씨와 결혼하고, 어머니의 쌀가게 일을 도우며 칩거하다가 어느 날 은밀하게 상해로 망명하였다.

상해에서 한인교회에 봉사하는 한편, 김규식, 선우혁, 여운형 등과 신한청년단을 조직하고, 국내와의 연락 임무를 띠고 3·1운동 전에 동경을 거쳐 국내로 잠입하였다가 인천에서 체포되어 전남 하의도 유배형에 처해졌다.

그런데 3·1운동 후에 일본의 하라 다카시 내각은 '임시정부의 지도자 여운형을 동경으로 초청하여 의견을 청취한다'는 이유로 반항의 기운을 무마하려 하였는 바, 여운형은 통역으로 장덕수를 지명하였다.

하의도에서 성경을 읽으며 시간을 보내다가 어느 날 경찰이 찾아와 함께 경성으로 올라온 장덕수는, 여운형과 함께 1919년 11월 동경으로 갔다. 점진적 자치론을 은근히 권하는 일본 고위직과의 면담이 몇 차례 있었으나, 이것으로 끝내고 돌아가면 오히려 임정 측의 오해를 살 우려가 있어 두 사람은 별도의 공식 기자회견을 요청했다. 200여 명의 국내외 기자가 모인 자리에서 여운형은 무조건적인 조선 독립의 당위성을 강하게 주장하였다.

장덕수는 여운형의 말을 그대로 옮기는 것에 그치지 않고 자신의 말도 보태어 통역했다. 여운형과 장덕수 둘 다 기독교인이라서 그런지 이런 말이 나온다.

하나님은 오직 평화와 행복을 우리에게 주려 한다. 과거의 약탈 살육을 중지하고 세계를 개조하는 것이 하나님의 뜻이다. 세계를 개척하고 개조로 달려나가 평화적 천지를 만드는 것이 우리의 사명이다. 우리의 선조는 칼과 총으로 서로 죽였으나 앞으로 우리는 서로 붙들고 도와야 한다. 하나님은 세계의 장벽을 허락하지 않는 것이다.

해방 후 정치 일선으로

이로써 장덕수는 국내외에 명성이 크게 알려졌다. 일본에서 돌아와 유배가 풀린 장덕수는, 1920년 김성수의 동아일보 창간 때 불과 26세의 나이로 초대 주필 및 부사장으로 참여했다.

한편 1921년에 주도적으로 조직한 서울청년회 내부에서의 계파 갈등이 격화되어, 사회주의계 김사국 등이 정덕수를 암살하려 한다는 소문까지 돌았다. 신변의 위험을 느낀 장덕수는 1923년 김성수의 권유로 미국 유학을 떠났는데, 그 당시 일제는 용의조선인 명부에 장덕수를 기재하길 "절대 독립, 배일사상의 소유자, 농후한 민족주의자"라고 하였다.

그러나 컬럼비아 대학에서 철학박사 학위를 받고 귀국한 1936년부터 해방 전까지 보성전문학교 교수를 지내며 남긴 친일 행적은 설산의 일생에 지울 수 없는 오점이 되었다. 그는 물심양면으로 평생 자신을 도와준 인촌 김성수의 방패가 되었다. 비록 학교를 지키기 위해 일제에 협력하는 모습을 보였지만 그것이 그의 본심은 아니었기에, 최근 젊은이들이 그를 친일파로 매도하는 것은 부당한

앙우리 언덕의 십자가

일이라고 김동길 박사는 몇 년
전의 에세이에서 말했다.

장덕수 근영

동시대를 살았던 많은 인사
들 중에 설산을 친일파로 간주
하는 사람은 드물었다. 그것은
시대 상황에 처한 사회적 개인
의 불가피성을 이해할 수 있
고, 공·과를 함께 판단할 수 있
었기 때문이다. 그런데 2018
년에 인촌 김성수마저 친일 문
제로 1962년의 건국훈장 대통령장이 취소되었으니, 영화 제목처럼
'지금은 맞고 그때는 틀리다'라는 말인가. 당대의 일을 당대 사람보
다 후대 사람이 더 잘 알 수 있다는 말인가. 이념도 사람을 위한 것
인데, 사람 세상에 이념을 위해 사람이 존재하는 듯하다.

설산은 해방 후에 김성수, 송진우 등과 한국민주당을 창립하여
정치 일선에 뛰어들었다. 정치부장이었던 1947년 12월 2일, 동대
문구 제기동 집에서 서울시당 재정부장 이영준 등 몇몇 동지와 술
상을 앞에 두고 담화를 나누고 있을 때였다. 경찰관 복장에 카빈총
을 멘 청년과 사복의 청년이 찾아와서 밖에 나갔더니, 갑자기 총소
리가 두 번 울리고 설산은 쓰러졌다. 즉시 자동차로 백인제 병원으
로 데려갔으나 이미 절명한 상태였다. 체포된 범행자들을 수사한
바 배후로 김구의 부하까지 선이 연결된 것으로 드러났으나, 증거
가 없어 사건은 후에 범행자 선에서 종결되었다.

정덕수 가족과의 친분을 생각하면 김구 본인은 관계가 없는 것으로 보이고, 김구 자신도 그렇게 증언했다. 김구는 재령 보강 학교에 교사로 일할 때 7세의 덕수를 가르친 적이 있고, 신한청년단에서도 같이 활동하였으며, 또 동생 덕진은 임정에서 자신의 휘하에 있다가 순국했다. 그런 인연으로 김구는 1945년 11월 환국 후 제기동 설산의 모친을 찾아 큰절을 하여 목멘 소리로 인사를 드렸다.

두 아드님을 나라에 바치신 어머님을 이렇게 뵈오니 그 아드님을 제가 죽게 한 것과 같아 면목이 없습니다. 그렇지만 가운데 아들 덕수가 훌륭한 일을 하고 있으므로 위안을 삼으시며 여생을 편히 쉬십시오.
- 『설산 장덕수』 중에서

그로부터 2년 후에 설산이, 그리고 다시 2년 후에 자신도 암살을 당하고, 더 오랜 세월이 지나 설산이 친일파의 멍에를 쓰게 될 줄은 백범 김구도 전혀 예상하지 못했을 것이다.

그 해 겨울 유난히 눈이 많이 내렸는데, 흰 눈이 아침부터 하얗게 내리는 날 45개의 정당과 사회단체가 참여한 사회장으로 시청 앞 광장에서 열린 영결식에는 이승만, 김구, 김성수 등이 참석하였다. 장석영 목사의 주례로 거행되었고, 설산은 망우리로 옮겨져 45년 12월 30일에 먼저 온 동료 송진우의 가까운 곳에 묻혔다.

1950년 봄에 이승만 대통령의 휘호에 정인보가 짓고 김기승이

망우리 언덕의 십자가

쓴 묘비가 세워졌으나 6·25 때 분실되었고, 1967년 4월에 지금의 비석이 새로 세워졌다. 설산이 동아일보 창간 때 쓴 사시(社是)인 3대 주지가 묘 입구의 연보비에 적혀 있다.

장덕수에 대해 곽복산 중앙대 신방과 교수는 이렇게 말했다.

그는 일본과 미·영 유학을 합해 20년 이상을 학구에 면려한 박식한 언론인이요, 정치가요, 총명한 인격자였다. 그는 또한 독실한 기독교 신자로서 '하나님을 공경하라. 그러나 공경만으로는 부족하다. 하나님을 믿으라. 그러나 믿는 것만으로는 부족하다. 하나님을 사랑하라'고 주위 사람들에게 외쳤다. 하나님은 언제나 사랑하며 항상 같이 해야 한다는 말이었다. 그는 신념에 충실한 사람이었다. 1947년 7월 19일에는 여운형이 암살되고 정계의 공기가 험악하여 설산은 항상 테러의 위협에 직면하고 있었다. 그러나 이런 일에 대하여 그는 전혀 개의치 않고 태연자약하였다. 그러나 반면에 그는 다정다감하고 겸손한 인격자였다.
- 곽복산, 「다정다감한 인격자-장덕수」 중에서
(『거인은 사라지더라도』 송건호 편, 휘문출판사, 1973.)

장덕수 연보비

설산 장덕수 비문

장공의 이름은 덕수이요 본관은 결성이니 설산은 호이다. 1894년에 황해도 재령 농가에서 아버지 붕도와 어머니 김현묘 부인 사이에 태어났다. 공의 12세 때에 아버지가 돌아가니, 고아로 남은 5남매는 뛰어나게 현숙한 김부인의 교양으로 성장하였다. 공은 어릴 때부터 재질이 비범하여 향리에서 소학교를 마치고, 일시 진남포의 일본인 기관이던 이사청의 사동으로 있었다. 고초를 겪는 중에도 강의록으로 독학하여 그때의 보통문관고시에 합격한 것이 17세 때의 일이다. 그는 배운 것을 시(試)하였을 뿐이요 세리가 되려함이 아니라고 하면서 지(志)를 결(決)하고 일본에 유학, 와세다 대학 정경과를 2위로 졸업하였다. 이때는 우리 전 국민이 거족 동원으로 3·1운동을 일으킬 형세가 격랑같이 물결칠 때이라, 상해로 망명하여 신한청년당을 조직 후 비명을 띠고 귀국하였다가 적경에 잡혀 옥고를 겪고, 하의도에 유배되었다가 다시 여운형과 함께 동경에 가서 일본전국기자의 앞에서 조선독립의 대의를 역설하여 일본조야를 경해(警駭)케 하였다. 귀국 후 민족지 동아일보의 주간 겸 주필로 악악(諤諤)의 논전을 편 것이 26세 때이다. 필전(筆戰) 5년 후 30세 때에 미국에 유학, 오레곤 대학 신문학과와 컬럼비아 대학 정경과를 마치어 석사학위를 얻고, 다시 영국으로 건너가서 런던 대학에서 형설의 공을 쌓은 결과 '쁘리티쉬 메도드 어브 인더스트리얼 피-스[British Methods of Industrial Peace]'라는 논문으로 컬럼비아 대학에서 철학박사의 학위를 받았으니,

미영 유학이 범13년이었다. 귀국 후 보성전문 교수로 후진을 양성 중에 1945년 8·15 광복을 맞으니, 그 심오해박한 국제 지식은 일세의 지도자이었다. 38선으로 양단된 조국과 세력 각축의 미소공위 개회 중 한국민주당의 정치부장으로 심혈을 경주하여 자주독립을 위해 싸우다가 1947년 12월 2일 저녁 7시 제기동 자택에서 흉탄에 우해(遇害)하니 향년 54세이었다. 친우로는 인촌 김성수, 고하 송진우와 선(善. 친하게 지낸다는 의미)하였다. 중형 덕준은 1921년 훈춘(琿春)사변 취재 중 일군에게 피살되고, 그 후 백형 덕주는 일경의 고문으로 치사하고, 아우 덕진은 상해에서 독립운동비 조달 중 피살되니. 일문 4형제가 모두 나라 일에 순국한 것은 사상 희유의 일이다. 부인 박예헌 목사 장녀 은혜 여사와의 사이에 지원, 사원의 두 아들과 숙원, 혜원의 두 딸이 있고, 누이 덕선이 있다. 공은 조국애의 정열이 배인(倍人)하되 세심주도하여 옆의 사람이 그 심천을 엿보기 어렵고 인(人)을 대함에 화기가 넘치면서도 대의를 위하여서는 용감하였다. 국(國)이 난(難)하매 현상(賢相)을 생각하기 간절할 때 공을 흉탄에 잃으니, 아! 어찌 천도(天道) 무심하다 하지 않으랴. 공의 묘는 정당사회연합장으로 망우리에 안장되었다. 1966년 12월 2일 종석 유광렬 찬, 원곡 김기승 서.

※ 찾아가는 길
순환로의 반환점이 되는 동락정에서 중랑구 쪽으로 순환로를 계속 내려가면 왼쪽에 연보비가 나오고 그 뒤로 올라가면 된다.

경기여중고 15년의 교장

난석 박은혜
(蘭石 朴恩惠 1904~1963)

비록 이 돌은 닳아 없어지고 이 글은 희미하여 읽을 수 없게 되는 한이 있어도 그의 보람찬 생애는 남기고 간 4남매와 수많은 제자들을 통하여 기리 빛날 것이요, 그 인격의 향기는 우리 친구들의 마음속에 끝없이 퍼질 것을 확실히 믿는 바이다.   - 비문 중에서

조부 박정찬 목사, 부친 박예헌 목사

장덕수와 합장된 부인 박은혜는 평남 평원 출신이다. 부친은 박예헌 목사인데, 그는 28세 때 46세의 부친 박정찬 목사와 함께 평양신학교에 입학하여 1910년 3회로 같이 졸업했다.

박정찬 목사는 평북 순천 태생으로 30세 때 일이 뜻대로 되지 않자 처자를 두고 집을 나가 유랑생활을 하였다. 어느 날 회개하여 예수를 믿게 되고, 열심히 교회 일을 하다가 목회자가 되기 위해 평양신학교에 입학했다.

그런데 아들 박예헌도 신학교에 입학한 것이 아닌가. 아들 박예헌도 한석진 목사의 전도로 신자가 되어 신학교에 입학했던 것이

다. 부자는 눈물의 재회를 하였다(전택부, 『토박이신앙산맥』, 1977).

조부 박정찬(1862~1945) 목사는 평양신학교 졸업 후 청주읍교회 담임목사를 거쳐, 1912년부터 1917년까지 남대문교회(제중원교회)의 한국인 초대담임목사를 지냈다. 이후 시베리아의 조선교회에 파송, 1919년 귀국하여 마산 문창교회(1901)에서 5년간 사역하였다. 1925년에 다시 시베리아로 파송, 1년간 사역하고 돌아와 대구제일교회(1893, 경북 최초)에서 사역한 후, 1929년 용정으로 가서 전도의 생을 마감했다.

장로회 총회 부총회장을 역임했고, 1920년 강우규 의사 의거 때에 그를 수차 만나 격려하였다는 혐의로 58세 때 체포되어 옥고를 치른 바가 있다.

부친 박예헌 목사는 신학교 졸업 후 1911년 원산의 광석동교회(1893, 게일 선교사)에 부임하여 1913년 함경노회 회장에 선출되고, 1918년 간도 용정중앙교회(1907) 목사로 부임하여 1930년까지 사역하였다. 이 교회는 윤동주 시인(1917~1945)이 중학생 때 다녔고 1945년 6월 그의 장례 예배를 치른 곳으로, 용정 지역의 선교와 독립운동의 중심이었다.

박예헌은 김약연 장로 등과 용정 지역의 3·1운동(3월 13일)을 지도하였고, 교회 부설 영신학교의 2대 교장을 맡기도 했다. 함북노회 회장 때 1921년 12월 1일부로 간도노회를 독립 조직하였다.

박은혜의 조카(남동생 박윤덕 집사의 아들)인 박영환 목사는 지금 남양주 금곡역(폐역)에 있는 성시교회를 이끌고 있다.

자색 겸비의 여성 지도자

장녀로 태어난 박은혜는 간도 용정에서 어린 시절을 보냈다. 1925년 3월에 정신여학교 보습과를 우등으로 졸업하고, 후쿠오카 고등여학교를 거쳐 1930년 3월 이화여전 문과를 4회로 졸업했다. 영문과 졸업으로 기재된 사료가 많으나, 당시 이화여전 문과를 졸업하면 자동으로 사립학교 영어 교원 자격이 주어졌다. 영문과는 1947년에 설립되었다.

박은혜의 처녀시절

후배 모윤숙 시인은 1929년 강당에서 4학년 선배 박은혜가 연극 〈잔 다르크〉(버나드 쇼)의 주연을 맡아 열연하였을 때, 용감한 자태와 조국 프랑스를 위해 간절히 기도하는 애절한 명연기가 눈에 선하다고 하였고, 김동길 박사는 몇 년 전의 인물 에세이에서 박은혜를 "미스코리아가 될 만한 얼굴과 몸매를 지닌 여성"이라고 회고했다.

졸업 후 서울 광희문보통학교에서 1년간 근무하고, 1931년 가을부터 조선주일학교연합회 간사로 있으면서 연합회 출간 잡지 《아이생활》(1926~1944)의 편집에 종사하였다. 1932년 2월 김활란 등과 신여성을 위한 잡지 《여론(女論)》(1932~1936) 창간에 참여하였다. 1932년 8월에 미국으로 떠나 아이오와주 더뷰크(Dubuque)대학에서 신학사를 받고, 1933년 뉴욕성서신학교의 종교교육학 석사 과정에 입학했다.

이때 뉴욕 한인유학생회와 한인교회(미연합감리회, 1921)에서 장덕수를 알게 되었다. 장덕수는 열 살이나 연상이지만 유학생들에게 재능과 인품을 인정받는 청년 지도자였고, 박은혜는 모든 남자 유학생의 관심을 받는 미모의 재원이었다. 더구나 박은혜는 1934년 뉴욕 유학생회 회장도 맡았고, 1935년 3·1절 기념식 때는 애국가 합창의 반주를 맡았으니, 다재다능에 지도력과 인화력까지 갖춘 미래의 여성 지도자였다.

성탄절 연극 공연을 할 때 장덕수는 여주인공 역에 박은혜를 염두에 두고 극본을 썼고, 그것을 계기로 두 사람은 가까워졌다. 그들은 하이델파크의 낙엽을 밟으며 서로를 깊이 알게 되었고, 허드슨 강변에서 소나기를 맞으며 밤을 새운 추억도 쌓았다. 마침내 박은혜 귀국 전날인 1935년 8월 18일 한인교회에서 윤홍섭 박사의 주례로 송별회를 겸한 약혼식을 올렸다.

1935년 9월 입국하여 이화여자전문학교에서 기숙사 사감을 맡으면서 종교학을 강의하는 한편, 1936년에 조선장로교총회 종교부 간사를 맡았다.

연희전문 내의 (연희+이화) 협성교회(1935.09, 대학교회의 시초)에서 초대담임목사 장석영의 주례로 1937년 10월 장덕수와 결혼식을 올렸다. 장석영 목사는 부부와 같은 시기에 뉴욕에서 공부한 인연이 있다. 1962년에 한국기독교협의회 회장을 지냈다.

해방 후 이화여전 학생과장을 지내다가 고황경 박사에 이어 1946년 1월 경기여중고 교장으로 부임해 15년간 재임하였다. 외유내강형의 카리스마로 좌익 교사의 학교 장악 시도를 제압하고, 교사로서는 당대 최고의 조지훈 시인, 도상봉 화백, 이흥열 작곡가

169

2부 눈물의 씨앗, 기쁨의 열매

등을 영입하였다. 사회 각계와 학부모의
협력을 얻어 학교의 기틀을 정비하고 교
훈, 교표, 교기, 교가 등을 제정하고 대강
당까지 지었다. 6·25 때는 부산의 벌판에
서 학교를 계속하고, 서울로 복귀한 후에
다시 전력으로 경기여중고를 명문으로
키웠다.

박 교장 때 학교를 다닌 많은 학생들은 박 교장의 고아한 자태와
세련된 언행, 폭넓은 교양과 지식에 자신들의 이상적 여성상을 발
견하여 존경해 마지않았으며, 학생들의 재능을 발견하고 이끌어준
잊지 못할 스승으로서 감사의 뜻을 표했다.

졸업생인 허영자 시인, 장영신 애경그룹 회장, 서지문 고려대 명
예교수, 이경숙 전 숙명여대 총장, 홍라희 삼성리움관장 등이 이러
한 사실을 지면을 통해 전하였고, 많은 제자들은 지금도 삼삼오오
망우리를 찾아와 기도와 꽃을 올리고 박 교장을 추념하는 글을 인
터넷에 올리고 있다.

사라지지 않는 인격의 향기

학교 운영 외로 1945년 9월 조선여자국민당(위원장 임영신)에
교육부장으로, 1948년 여성문화연구소(총재 박순천)에 참사로 참
여했고, 1950년에는 대한기독교여자청년회(YWCA) 중앙위원을
맡았다.

1960년 9월에 경기여중고를 퇴직하고 종로갑 국회의원 보궐선

거(10.10)에 민주당 공천을 받아 출마하였다. "암담한 사회를 명랑히 시키기는 오직 여자들의 교육의 힘이라야 한다. 그 교육의 힘으로 국가의 행정, 입법, 사법 각부의 실권를 갖고자 한다"며 출사표를 던졌으나, 아쉽게도 낙선하고 말았다.

당시 집권 민주당이 구파·신파로 분열되어 민심이 돌아선 탓도 있겠지만, 당시에는 "암탉이 울면 집안(나라)이 망한다"며 여전히 여성을 무시하는 유권자가 적지 않았다. 더구나 선거전에서 당대 제일의 주먹 김두한(무소속) 후보에게 성적 모욕의 발언까지 들었지만, 이에 대한 아무런 사회적·법적 제재가 없었던 시절이라 참으로 우리나라 여성 선구자들의 마음고생은 이루 말할 수 없었다.

1962년 12월 재단법인 은석학원을 설립하고, 1963년에 은석국민학교(1965년에 동국학원에 합병)를 개교했다. 홀몸으로 숙원, 혜원(경기여고 졸. 남편은 6·3데모의 주역이었던 시민운동가 김중태)의 2녀와 지원, 사원 2남을 모두 미국 유학까지 공부시키고, 1963년 10월 30일 환갑도 되지 않은 나이에 암으로 사망하여 남편의 옆으로 왔다.

1967년 4월 23일에 세워진 비석은 원곡 김기승이 썼다. 먼저 유광렬이 지은 장덕수의 비문이 적혀 있고, 그 다음으로 김활란이 지은 박은혜의 비문이 이어진다.

김활란(헬렌)은 후배 박은혜뿐 아니라 장덕수와도 사연이 있다. 김활란은 미국 유학 중에 학생회에서 장덕수를 처음 만났다. 하지만 그녀는 단지 훌륭한 인물에 대한 기대와 신망으로 장덕수를 대했다. 김활란의 두 번째 유학(컬럼비아대 박사 과정) 중 유학생들의 배웅을 받으며 뉴욕에서 워싱턴으로 떠나는 기차를 탔을 때, 장덕수가 느닷없이 따라 탔다. 기차 안의 대화에서 김활란의 차가운 마음을 확인한 장덕수는 도중에 내려 뉴욕으로 돌아갔다.

이 일은 유학생 사이에서 '기차동승사건'으로 불렸다. 그 후로도 장덕수는 한국으로 편지를 거듭 보냈지만, 김활란은 온건한 거절의 뜻을 전했다. 얼마 후 "김활란은 감정을 모르는 빙괴(얼음덩어리)다"라고 장덕수가 말하더라는 풍문이 들려왔다.

그렇게 장덕수의 구애를 거절했던 김활란은 그 후로도 친한 후배의 남편으로서 담담한 교제를 이어갔다. 김활란의 묘도 원래 망우리공원에서 가까운 금란동산에 있었다.

박은혜가 남긴 저서로는 연설문과 수필을 모은 『난석소품』(1955)이 있다. 여기에 설산이 남긴 말이 실려 있다.

설산은 해방 후 어느 봄날 뜰 앞에 심었던 목련이 원 가지는 죽고 새 움이 나서 흰 꽃이 예쁘게 핀 것을 보고 이렇게 말했다.

"이것 보오. 원 가지는 죽었어도 여전히 새 가지에서 예쁜 꽃이 피었구려! 역시 우리는 가고 어린것들이 자라서 이렇게 되어야 하는 것이 자연이라오."

장덕수와 박은혜의 합장묘

난석 박은혜 여사 비문 (장덕수 내용 다음으로 이어진다)

박은혜 선생은 그 고매한 인격과 성실한 노력으로 스스로의 금자탑을 이룩하였고, 20세기 세계 여성 중에 뛰어난 지도자로 역사에 오를 만한 업적을 남기고 간 우리들의 친구이다. 그 덕스러운 품격을 완성하기까지 그는 국내 국외의 우수한 대학에서 꾸준히 연찬하여, 특히 인문과 학문 분야에 해박한 지식을 얻었고, 또한 기독교적 신앙이 두터운 부모 슬하에서 자랐으므로 높은 종교적 교양과 깊은 신앙의 체험을 쌓아 그 성품과 능력이 뛰어난 인격자였다. 장덕수 선생과 결혼하여 이룩한 가정에는 언제나 평화가 깃들었고, 부군을 내조하며 4남매를 양육하는 일에 부족함이 없는 현모양처이었다. 더구나 장덕수 선생이 흉탄에 쓰러지고 난 뒤, 어린 자녀들을 이끌고 전란 속에서 헤매면서도 그 어린 마음에 아무런 상처도 주지 않으려고 애쓰던 그 갸륵한 모습은, 영원히 우리가 잊을 수 없는 모성애의 본보기이기도 하다. 이화대학교 교단에 섰을 때에는 입을 열면 웅변이요 붓을 들면 주옥을 엮어 놓은 듯 학생들의 인기를 독차지하였으며, 후배를 가르치기에 여념이 없었다. 해방이

173

되자 경기여자고등학교 교장으로 추대되어 십육성상을 온갖 심혈을 기울여, 이를 대한민국의 모범적인 여자고등학교로 발전시키는데 큰 공을 세웠다. 말년에 국민학교를 창설하여 몸은 비록 쇠하였으나 교육에 대한 정열은 조금도 식지 않았음을 우리에게 다시 보여주었다. 여성운동에도 시간과 정력과 재물을 아낌없이 바쳐 열심으로 협력하여 YWCA 여학사협회 등 우리 여성 단체의 발전을 위해 진력하였고, 더 나아가 국제여성 유대 확립에도 공헌한 바가 크다. 가정주부로 교육자로 혹은 사회인으로 이와 같이 우리들의 모범이 될 만하던 친구 박은혜 선생은 1963년 10월 30일 우리보다 앞서 영원한 나라로 가고, 다만 그 유해를 부군과 함께 이곳에 묻어 이 작은 비석으로 표를 삼는다. 비록 이 돌은 닳아 없어지고 이 글은 희미하여 읽을 수 없게 되는 한이 있어도, 그의 보람찬 생애는 남기고 간 4남매와 수많은 제자들을 통하여 기리 빛날 것이요, 그 인격의 향기는 우리 친구들의 마음속에 끝없이 퍼질 것을 확실히 믿는 바이다. 1966년 12월 2일 우월 김활란은 글을 짓고, 원곡 김기승은 글씨를 쓰다.

※ 찾아가는 길
장덕수와 합장묘

여성 최초의 기독교회 장로

소설가 김말봉
(金末峰 1901~1961)

여호와는 나의 목자시니 내가 부족함이 없으리로다. 그가 나를
푸른 풀밭에 누이시며 쉴 만한 물가로 인도하시는도다. … 주께서
내 원수의 목전에서 내게 상을 베푸시고 기름으로 내 머리에 바르
셨으니 내 잔이 넘치나이다. 나의 평생에 선하심과 인자하심이 정
녕 나를 따르리니 내가 여호와의 집에 영원히 거하리로다.

　-시편 23장

일제강점기 신문 연재소설 「밀림」과 「찔레꽃」으로 대중의 폭발
적인 인기를 얻은 소설가 김말봉은, 이후 '문단의 대모'라고 불리며
여성 최초의 예술원 회원이 되었다. 또한 여성 최초의 장로이며 크
리스천문학회 회장을 지냈다. 기독교 정신의 작품을 발표함과 동시
에 실천에도 앞장선, 기독교계와 여성운동계의 선구자였다.

관리사무소 주차장에서 북쪽 방향에 있는 정자를 바라보고 오른
쪽 샛길로 들어가 멀리 아래를 내려다보면 사각 비석이 보인다. 묘
번 100768. 앞면에는 '작가 김말봉 장로지묘', '마음 깊은 곳에 숨

어 있는 / 푸른날개에서'가 새겨져 있다.

글씨는 당대의 명필 시암 배길기(時庵 裵吉基, 1917~1999, 예술원 회원)가 썼다. 「푸른 날개」는 1954년 조선일보에 연재된 소설이다. 비석의 글은 「푸른 날개」의 '꿀벌, 바람, 나비' 장에서 "그러나 이런 것은 지순의 마음 깊은 곳에 숨어 있는 근심에 비하면 아무것도 아니다."라는 문장에서 따온 것이다. 즉 고인 김말봉은 '우리 마음 깊은 곳에 영원히 간직될 것이다'라는 의미로 새겨진 것이다. '푸른 날개'는 영혼의 날개가 저 높이 푸른 하늘을 지향한다는 의미이다.

서울성남교회

옆면에 '1962년 2월 9일 문우와 교우들이'라고 적혀 있는데, 사후 1주기에 세운 것이다. 교우는 김말봉이 1957년 장로가 된 서울성남교회(서울역 앞)의 교우를 말한다.

오른쪽에는 김말봉의 세 번째 남편 낙산 이종하(洛山 李鍾河 1899?~1954)의 묘가 있다. 이종하의 묘비 뒷면에 적힌 네 아들 중 오른쪽 둘은 전처 소생이고 왼쪽 둘은 김말봉 소생이다. 이종하의 차남 이현우(1933~?)는 부산 출신의 방랑시인으로, 동국대 재학 당시 천상병, 김관식과 더불어 문단의 3대 걸물로 불렸다. 대학도 중퇴하고 거지들과 생활하며 어느 날 갑자기 친구 앞에 나타나 돈을 받아 다시 사라지기를 반복하다가 1983년 이후 행방불명되었다. 『끊어진 한강교에서』라는 시문집이 1994년에 간행되었다.

망우리 언덕의 십자가

말봉은 1901년 부산에서 딸 3형제의 막내로 태어났다. 그 시절 많은 부모가 그러했듯, 아들을 바라는 마음에서 '말봉'이라 이름 짓고 사내 옷을 입혀 사내처럼 길렀다. 그의 호방하고 자유스런 성격은 여기서 비롯된 것으로 전한다.

부산 일신여학교(1895, 호주여자전도부, 현 동래여중고) 3학년을 수료하고, 상경하여 정신여학교(1887, 미 북장로교 선교사 엘레스)에 편입하였다. 1918년 졸업하고 황해도 재령의 명신여학교(1898 기독장로회)에서 교사로 근무하다, 하와이로 시집간 언니 김보배의 도움으로 1920년 동경으로 건너가 쇼에이(頌榮)고등여학교(1884, 교명은 주님의 영광을 찬양한다는 의미)를 거쳐 1923년 교토의 도시샤(同志社)대학(1875, 기독교주의 학교) 영문과에 입학했다. 도시샤에서 만난 시인 정지용과는 한 살 차이의 누님 동생으로 교유했다.

세 번의 결혼

감말봉의 첫사랑은 전상범(1896~1936)이었다. 3·1운동 후 총독부 문화정치의 일환으로 신문화 운동의 바람이 불었을 때, 말봉은 부산에서 김경순, 전상범 등의 초량교회 청년들과 함께 그 지역 신문화 운동을 이끌었다. 전상범은 1920년에 부산 제2상업학교(부산상고)를 나와 1921년 사업을 하는 한편, 경남주일학교진흥회 간사 등을 맡으며 신앙활동도 열심인 훤칠한 키의 미남이었다. 그는 많은 여성의 사랑을 받았는데 말봉도 그중 하나였다. 하지만 아직 19세의 소녀 말봉은 S언니(義언니, step-sister) 김경순에게 양보하고 일본으로 유학을 떠났다.

김경순이 1남 1녀를 낳고 1923년 사망한 후, 1925년 3월 방학을 맞아 일본에서 귀국한 말봉은 오랜만에 상범의 집을 찾았으나, 이미 상범의 집에는 일신여학교 교사 여운영이 드나들며 결혼 날까지 정해진 상태였다. 말봉은 쓸쓸한 마음으로 다시 일본으로 돌아갔다. 그 해 4월 3일, 부산철도호텔에서 거행된 전상범·여운영의 결혼식은 초량교회 정덕생 목사가 주례를 맡았다.

중년의 김말봉

1927년 봄 도시샤를 졸업하고 귀국한 말봉은 일본에서 동거하던 이의현과 목포에서 살았다. 여기 실린 김말봉 중년의 사진을 보고 좀 갸웃거릴 독자가 있을 듯한데, 김말봉은 도시샤 대학 시절에 "버들 같이 휘영휘영한 몸매와 호수 같은 두 눈과 구슬 같은 목소리로 많은 청년 숭배자들을 거느렸다"고 동창 모시인이 회고했다(경향신문 1948.03.07.). 모시인은 정지용으로 추정된다. 그리고 도시샤에 유학 온 인도 왕자의 세 번째 부인(순위가 높다고 하는데!)으로 청혼을 받은 적도 있었다고 한다.

중년 이후 말봉을 접한 많은 이들은 하얗게 동그스름한 흰 얼굴에 노래도 잘하는 청아한 목소리를 기억하고 있다.

목포 거주 시에 목포여성청년회 회장(조선일보 1927.06.07.)을 맡고, 신간회 목포지회 설립 시에 간사로 참여하고(조선일보 1927.06.21.), 목포청년동맹 창립대회에서 검사위원으로 선출되고(조선일보 1927.10.07.), 근우회 목포지회 설립 시 발기인으로 참여하며(동아일보 1927.12.06.) 연설을 잘하는 여성계 지도자로 이름을 전국에 알렸다.

말봉은 1930년 9월 1일 《삼천리》의 앙케이트에서 "이 세상에서 가장 소중한 것이 무엇입니까?"라는 질문에 "지금 세 살 된 딸 '매매'가 가장 중요하다"고 대답하였고, 한신대 명예교수 이장식은 1947년에 말봉의 딸이 한국신학대학교에 다녔다고 한 것으로 보아 1928년에 이의현과의 사이에서 낳은 첫딸이 나중에 전상범 호적에 오른 딸 재금이 맞는 듯하다.

말봉이 적을 둔 초량교회 당회록에는 이런 기록이 있다. "김말봉 씨는 믿지 않는 자와 혼인함으로써 1년간 책벌 하에 두기로 오는 주일에 광고하기로 한다(1926년 3월 20일)"(김인수, 『예수의 양 주기철』, 2007). 그리고 인터넷 '한국기독교회사' 사이트에 올라와 있는 1927년 10월의 초량교회 당회록에는 "불신자와 혼인한 죄로 1년 동안 칙벌 아래 있던 김말봉 씨는 기한이 됐으므로 칙벌을 풀기로 회중이 가결한다"는 내용이 있고, 주기철 당회장의 도장이 찍혀 있다(http://photohs.co.kr/xe/2885).

즉 첫 번째 결혼의 시점은 1926년 3월 20일 이전으로 추정된다. 그러나 결혼은 오래가지 못했다. 1928년에 가을, 말봉은 수주 변영로로부터 중외일보 기자 권유를 받자, 첫 남편과의 관계를 정리하고 경성으로 떠났다.

얼마 후 상범이 느닷없이 경성의 하숙집으로 찾아왔다. 하지만 윤리적으로 이루어질 수 없는 관계라 말봉은 상범을 받아들일 수 없었다. 상범을 부산으로 돌려보낸 후 말봉은 평양으로 취재를 떠났다. 그런데 열차 안에 상범이 나타났다. 괴로운 마음에 어디론가 멀리 가고자 부산행이 아닌 반대편 기차를 탔다는 것. 사실은 이는 상범의 친구 변영로가 귀띔해 준 정보였다.

여행 중의 남녀는 현실을 잊기 쉬운 것인가. 둘은 도중에 내려 불같은 사랑의 밤을 보내고 경성으로 돌아와 동거에 들어갔다.

소문은 부산에도 전해졌다. 작가의 길을 걷고자 신문사를 사직한 말봉은 상범과 부산으로 내려왔으나 주위의 비난 속에서 가정을 꾸리지 못하다가, 절망한 여운영이 만주로 떠나버린 후 마침내 정식 부부가 되었다. 30년 12월 초에 아래와 같은 엽서가 지인들에게 도착하였다(《별건곤》 1931.01.01.).

우리가 지난 11월 26일 상오 11시에 영주동 525번지 자택에서 결혼시글 거행하얏삽기 이에 삼가 알리옴나이다.
1930년 11월 29일 전상범·김말봉

상범은 오륙도가 내려다보이는 좌천동에 방 하나를 얻어 집필용으로 마련해 주는 등 전폭적인 지원을 아끼지 않았다. 그렇게 작품도 쓰며 1남 2녀를 낳는 행복한 결혼생활이 이어지는 가운데, 1932년에는 중앙일보 신춘문예에 단편 「망명녀」가 당선되어 부산출신 첫 신춘문예 당선자가 되었다.

1934년에 단편 「고행」, 「편지」 등을 발표, 이윽고 1935년 9월 26일부터 우리나라 최초의 대중소설 「밀림」을 동아일보에 연재하기 시작했다. 연재는 일장기 말소사건으로 동아일보가 정간을 당하는 바람에 233회(1936.08.27)로 중단되었다. 폭발적인 인기는 끌지 못했지만, 1년 가까이 꾸준히 연재되며 김말봉은 자신의 이름을 대중과 문단에 강하게 인식시키는 데 성공했다.

그러나 「밀림」을 연재 중이던 1936년 1월에 상범은 쓰러졌다. 상범은 그 능력과 인품으로 미쓰이물산 조선지점의 총지배인까지 승진하였으나, 연이은 접대 등의 과로 탓인지 장티푸스에 걸려 1월 19일 40세의 나이로 사망했다. 사랑하는 상범을 하늘로 먼저 보낸 말봉은 큰 실의에 빠졌다.

전처 소생까지 합해 5남매를 부양하기 위해 다방도 해보고 국수집도 해보았으나 장사는 여의치 않았다. 그때 상범과 같이 신간회 부산지회 활동을 하던 후배 이종하는 김말봉을 물심양면으로 도와주었다. 온후한 신사인 이종하의 구애에 말

다방에서 집필 중인 김말봉

봉은 가족을 합치기로 했다(1937). 그녀 혼자 힘으로 글 쓰며 5남매를 키울 힘은 없었고 이종하도 상처한 몸으로 두 아들이 있었다.

말봉을 안타깝게 생각한 변영로는 조선일보 편집국장 이은상에게 김말봉의 소설 연재를 권하자, 「밀림」을 눈여겨봤던 이은상은 기꺼이 김말봉에게 소설의 연재를 의뢰했다. 말봉이 고심 끝에 정한 제목은 '찔레꽃'. 상범이 생전에 좋아하던 기타하라 하쿠슈 작시

2부 눈물의 씨앗, 기쁨의 열매

의 가곡 「찔레꽃」에서 따왔다고 전한다. 말봉의 피아노 반주에 맞춰 상범이 자주 불렀던 노래였다.

그런데 기타하라 하쿠슈 작시/야마다 고사쿠 작곡의 유명한 일본 가곡(동요)은 'からたちの花(가라타치노하나)'인데, 정확한 번역은 찔레꽃이 아니라 탱자꽃(탱자나무꽃)이다. 탱자와 찔레는 둘 다 가시나무이고 꽃도 흰색이다. 당시 일본어를 번역할 때 우리나라에 흔한 찔레꽃으로 옮긴 듯하다.

그러니 이 소설은 상범이 말봉에게 남긴 마지막 유물이요, 말봉이 상범에게 보내는 마지막 추도사가 되었다. 「밀림」의 연재로 닦은 노련미 덕분인지 「찔레꽃」은 전국적으로 폭발적인 인기를 얻었다(1937.03.31~10.03). 상범의 전처 딸 혜금은 말봉의 원고를 정서해 주고, 매일 마감에 쫓기며 경성행 기차에 원고를 부치는 일을 도맡았다. 혜금은 1943년 작곡가 금수현과 결혼했는데, 금수현의 「그네」는 말봉의 가사다. 금수현의 아들이 지휘자 금난새 씨다.

「밀림」의 연재 광고
(동아일보 1935.09.22.)

마침 일장기 사건으로 정간 중(1936.08.28~1937.06.02)이던 동아일보는 경쟁사 조선일보가 「찔레꽃」으로 판매부수가 계속 늘어나는 것을 애타게 바라보다가, 마침내 10월 2일에 「찔레꽃」이 연재를 끝맺자 정간으로 중단되었던 「밀림」의 연재를 1937년 11월 1일부터 재개했다.

1938년 2월 7일자로 전편(삽화 한무숙)을 마치고, 잠시 쉬다가 후편을 1938년 7월 1일부터 1938년 12월 25일까지 연재했으나 미완으로 끝났다. 이후로 일제가 일본어로 작품을 쓸 것을 강요하는 등의 압박을 해오자, 말봉은 집필을 중단하고 해방 전까지 가정에 전념했다.

해방 후의 사회활동

해방 후에는 서울로 이주하여 집필 외로 박애원 경영, 공창 폐지 등의 사회운동에도 적극적으로 나섰다. 공창 폐지의 주장을 담은 「화려한 지옥」(1945년 『부인신보』 연재) 등 이후의 소설은 기독교 정신에 입각한 사회 운동의 논리를 담은 것이 많다. 하여 그의 소설은 해방 전은 제1기(애정 소설), 해방 후는 제2기(사회 참여 소설)로 구분한다.

이종하는 신간회 경남지부의 간부요 밀양 소작쟁의 사건의 주모자였고, 김말봉은 3·1운동 때 고문을 당해 오른쪽 귀가 멀어버린 항일투사였기에, 부부는 해방 후 곧바로 아나키스트의 독립노농당에 들어가 각기 노농부장과 부녀부장으로 피선되었다.

부녀부장 말봉은 공창 폐지 운동에 나섰다. 통솔력과 언변이 뛰어난 말봉은 1946년 8월 11일 시내 14개(후에 19개) 여성단체가 모인 폐업공창구제연맹의 회장을 맡아 성매매 피해 여성 대책과 공창 폐지에 나섰다. 일신여학교 동창 박순천을 비롯하여 고황경, 황신덕, 박현숙 등의 여성 지도자들과 함께 입법 활동에 나섰다. 1947년 11월 14일 공창폐지령을 공표되고, 1948년 2월 14일 마침내 발효되었다. 한편 구제 활동에 관해서는 희망원의 설립을 추진하였으나 진행이 여의치 않자, 김말봉은 사재를 털어 '박애원(博愛院)'을 설립하여 운영하였다.

6·25전쟁 때 부산에서 살며 그녀 또한 아들 영이가 전사하는 슬픔도 겪었으나 집을 찾아온 반공포로 김태영(1933~ , 소설가)과는 모자지간의 연을 맺었고, 박인환 시인 등 많은 불우한 피난 문인의 뒤를 돌봐주는 문단의 대모 역할을 톡톡히 했다. 1952년 9월에는 베니스 세계예술가대회에 참가해 한국의 어려운 실상을 널리 알렸고, 1955년에는 미 국무성 초청으로 1년간 신학교 유학을 겸해 미국을 둘러보며 펄벅 작가 등을 만나고 돌아왔다.

1957년에는 여류작가 최초로 예술원 회원에 당당히 투표로 선출되었고, 동년 서울성남교회(성바울전도교회)에서 우리나라 최초의 여성 장로가 되었다.

문학이 가진 목적의 하나는, 보다 나은 현실을 만드는 데 필요한 인문학적 토대를 제공하는 것이다. 그런 의미에서 문학의 정신, 기독교의 정신을 작품뿐 아니라 실천을 통해 세상을 바꾼 김말봉은 실로 우리 여성계와 문단에서 높이 평가받아 마땅한 작가라고 할 수 있다.

1954년 이종하가 55세의 창창한 나이에 폐환으로 사망하자 말봉은 슬하의 많은 자식들의 뒷바라지를 위해 심할 때는 동시에 연재를 서너 개나 집필하는 힘든 나날을 보내다가 1960년 4월 폐암 진단을 받고 세브란스병원에 입원했다.

그 얼마 전에 자유당의 요청에 따라 생활에 다소나마 도움이 될

김말봉의 묘

까 하여 지원 연설에 나
섰지만, 그것이 부정선
거에 의한 4·19혁명을
초래한 결과를 지켜보며
뒤늦게 자신의 과오를 뉘우쳤다. 원래 불의를 참지 못하는 성격의
그는, 이런 심적 타격도 겹친 듯 1961년 2월 9일, 종로의 내과의원
에서 친지들의 찬송가와 기도 속에 마침내 60년의 파란만장한 삶
을 마감했다.

1963년 3월 17일의 조선일보는 "김말봉 씨는 입원비가 떨어져
치료도 못한 채 퇴원한 지 얼마 안 되어 운명하였다"며 가난한 문인
들의 실상을 전하였다.

입관 때 김태영은 "내가 죽으면 이 세상에서 가져갈 것이라곤 성
경밖에 없다"고 김말봉이 늘 하던 말을 떠올리고, 서재에 있던 성경
책을 가져와 김말봉의 가슴에 고이 안겨 드렸다. 김재준 목사가 성
남교회에서 거행된 영결식에서 조사를 했고, 망우리의 묘지 하관식
을 진행했다. 묘지까지 따라온 노산 이은상은 "구름 같이 왔다가 바
람 같이 갔다. 그것만은 진실이다. 다른 것을 모르겠다"라고 말했
다. 두서에 올린 시편 23장은 고인이 슬플 때나 기쁠 때 늘 읽었던
말씀이다.

※ 찾아가는 길
망우리공원 관리사무소 옆, 불암산과 수락산이 보이는 방향에 통신탑이 높이 서
있다. 그 탑 우측 샛길로 들어가면 멀리 아래쪽 왼편으로 사각 비석이 보인다.

나를 믿는다면 내 양을 먹이라

콩박사 김호직
(金浩稙 1905~1959)

… 주께서 세 번째 네가 나를 사랑하느냐 하시므로 베드로가 근심하여 가로되, 주여 모든 것을 아시오매 내가 주를 사랑하는 줄 주께서 아시나이다. 예수께서 가라사대 내 양을 먹이라.

  - 요한 21장17절

풍산 김씨 호직은 평북 벽동군 벽동읍에서 출생하여, 1924년 3월 수원고등농림학교(서울농대)를 수석으로 졸업하며 졸업생 답사를 맡았다. 전주 신흥고보 영어 교사를 거쳐 대구 계성학교 박물 교사로 근무할 때, 교감 박정근의 여동생 박필근과 만나 후에 결혼했다. 교사 생활 2년 후에 김호직은 다시 일본으로 건너가 1930년 일본 도호쿠(東北)제국대학 생물학과를 졸업했다.

귀국 후 이화여전과 숙명여전 교수로 생물학 및 영양학을 가르쳤다. 우리나라 음식물의 영양가를 연구 조사하여 『조선식물개론』(1944)을 간행하여 한국 음식물의 우수성을 알리고, 아울러 한국 음식물에 대한 연구법을 제시했다. 1946년 2월 국립수원농사시험장을 거쳐 1947년 12월 농사개량원 부총재가 되었다.

1948년 11월 정부 대표로 FAO 제2차 총회에 출석하고, 1949년 2월 정부 유학생으로 도미하여 1950년 2월 코넬 대학에서 영양학 석사 학위를 받고 귀국(1951), 9월 동 대학원에서 논문 「콩 단백의 영양학적 연구」로 이학박사 학위를 받았다.

김호직은 코넬 대학 유학 중인 1951년에 한국인으로서는 최초로 시스케하나 강에서 몰몬교 침례를 받았다. 그가 물 밖으로 나오는 순간 "내 양을 먹이라(Feed my sheep)"라는 강하고 부드러운 음성이 들려왔다고 한다. 나(예수)를 믿는다면 목자인 너는 나의 양(신자)을 먹이라는 말이다. 이는 그의 삶의 지침이 되어 그는 '콩박사'의 길을 걷게 되었다.

몰몬교는 미국의 뉴욕에서 1830년 창시된 기독교계 신흥종교이다. 성경과 더불어 '예수 그리스도의 또 하나의 성약'이라는 부제를 가진 몰몬경(Book of Mormon)을 경전으로 쓴다고 하여 '몰몬교'라는 이름으로 알려졌고, 교인들은 '몰몬' 혹은 '후기성도(Latter-Day Saints, LDS)'라고 불린다.

한국에서는 1955년 한국 본부 설립 이후 '말일성도 예수그리스도교회'라는 명칭을 사용했는데, 말일성도는 일본어에서 온 것이고, 말일성도라는 호칭이 말세를 연상시키는 부정적 의미가 있어 2005년 한국 선교 50주년을 맞아 '예수그리스도 후기성도교회'로 공식 명칭을 바꾸었다.

6·25 때 미군 군목을 통해 부산에서 포교가 시작되었을 때 마침 김호직이 미국 유학에서 돌아오자 전도는 힘을 받았다. 청소년들

과 대학생들에게 영어 교육을 통한 전도로 큰 효과를 거두었다. 김호직 박사 또한 가족들도 전도하여 1952년 부산 송도 앞바다에서 아들 김신환과 딸 김영숙을 포함한 4명이 한국 역사상 몰몬교의 첫 침례자가 되었다.

김호직 근영

1955년에는 한국에 지방부가 조직되어 김호직이 초대 지방부장으로 임명되었다. 1957년에는 김호직 박사에 의해 '한국몰몬교회재단'이 설립되었으며, 1962년 7월에는 '한국선교부'가 조직되었다. 종교 활동 외에도 1951년 부산수산대 학장(~54.01), 1953년 2월 국민 영양 계몽·개선, 농사 교육 보급에 공헌하여 대통령상을 받았다.

동년 3월 연희대학교 교수가 되고, 11월에 대한생물협회 회장, 1954년 학술원 회원, 1955년 3월 문교부차관 취임, 1956년 11월 인도의 뉴델리에서 개최된 유네스코(UNESCO) 제9차 총회에 정부 대표로 참석했다.

서울농대 교수, 유네스코 한국 집행위원, 서울시 문화위원, 한국생물과학협회 부회장, 한국영양협회장, 한글학회 이사장, 홍익대학장, 건국대학교 축산대학장 등 다방면에 걸쳐 왕성한 사회활동을 하였는데, 타계 당시 명함이 26개나 될 정도였다. 당시 미국에 유학하여 박사까지 딴 인재가 부족한 탓도 있었지만, 많은 직함은 "내 양을 먹이라"는 신앙적 봉사 정신에서 비롯된 것이었다.

박사 논문이 콩에 대한 연구였듯, 비싼 고기를 자주 먹을 수 없는 우리에게는 단백질 공급원으로 중요한 콩의 연구와 콩 음식의 장려로 '콩박사'라는 별명이 붙었고, 콩을 주재료로 한 보강식을 발명하여 특허를 받았다.

1959년 8월 28일 서울시 교육위원회 회의 중 토론을 벌이다가 뇌일혈로 쓰러져 세브란스병원으로 옮겨졌으나 혼수상태에서 끝내 깨어나지 못하고 31일 사망했다.

장례 시에는 종로에서 동대문까지의 차량이 통제되었으며, 건국대 축산대 59학번 제자 60여 명이 전후좌우에서 꽃상여차에서 늘어진 상여줄을 붙잡고 행진했다.

건대 체육관에서 거행된 장례식은 서울교육위원회·건국대·말일성도예수그리스도교회 연합으로 정부 요인을 비롯한 1천여 명의 참석 하에 거행되었다. 장례식을 마치고 고인은 다시 학생들의 인도 하에 망우리 묘지로 향했다. 영적으로, 육적으로 우리 국민을 먹이기 위해 헌신한 숭고한 일생이었다.

전북대 과학학과 김근배 교수는 논문 「한국의 과학기술자와 과학 아카이브」에서 '100인의 근·현대 과학 기술자(1880~1970년대)'를 선정하였는데, 여기 망우리에 계신 지석영, 오긍선, 이영준과 더불어 김호직이 포함되었다. 과학기술계의 선구자가 네 분이나 모여 있는 곳이 망우리공원 말고 달리 있을까.

장남 김신환(1932~2019)은 부친의 뜻을 이어 서울대 생물학과를 나왔으나, 성악에 뜻을 두고 프랑스로 건너갔다. 1957년 파리국립고등음악원을 졸업, 파리 성악 콩쿠르에 한국인 최초로 입상하며

김호직의 묘와 비석

동양인 최초로 라스칼라 오페라단의 테너 솔리스트로 활동하였다.

저명한 성악가에게 수여되는 이탈리아 베르디 금상 등 다수의 수상을 하고, 이탈리아 대통령 문화 훈장과 기사 작위를 받는 등 한국인으로서 세계적으로 이름을 떨쳤다.

귀국 후 1985년 서울시립오페라단을 창단해 초대 단장을 12년간 역임하였으며, 88서울올림픽 개막 기념으로 1988년 9월 16일 세종문화회관에서 오페라 〈시집가는 날〉의 초연에 총감독을 맡았다. 그 밖에 영남대 음악대 학장, 세종문화회관 이사장, 한국성악회 회장을 지냈다.

또한 국내 가곡과 함께 국내 성악가들이 세계에서 활동할 수 있는 발판을 마련하기 위해, '김신환 국제성악콩쿠르'를 진행하며 국내 성악계와 후학 양성에 이바지하였다. 한편 예수그리스도후기성도교회 온누리합창단의 고문을 지내고, 2019년 5월 21일 숙환으로 별세하였다.

※ 찾아가는 길
망우리 고개에서 망우리공원으로 50미터 올라가자마자 좌측 축대를 바라보면 적색 동그라미 안에 20이라고 적힌 속도 제한 표지판이 보인다. 그 우측 배수로에서 올라가 다시 표지판 쪽으로 축대를 따라 걸어가면, 우측에 묘지로 올라가는 계단이 나온다. 공동묘지에 속하지 않은 개인 묘지이다.

2부 눈물의 씨앗, 기쁨의 열매

아동문학가 강소천
(姜小泉 1915~1963)

내가 선한 싸움을 싸우고 나의 달려갈 길을 마치고 믿음을 지켰
으니 이제 후로는 나를 위하여 의의 면류관이 예비되었으므로 주
곧 의로우신 재판장이 그 날에 내게 주실 것이니라.

디모데후서 4장에서   -비문

암울했던 일제강점기에 어린이의 벗이 된 분은 방정환 선생이
대표적이었고, 전쟁 후 고난의 시기에는 강소천 선생이 대표적이
라 할 수 있다. "하늘 향해 두 팔 벌린 나무들같이…"로 시작되는
「어린이 노래」와 「금강산」, 「스승의 은혜」, 「유관순」, 「코끼리 아저
씨」, 「태극기」, 「눈사람」, 「산토끼」 등 우리가 기억하는 수많은 동
요의 작사자이며, 초등학교 교과서를 만들고 〈어린이헌장〉을 만든
강소천 선생이 계신 곳을 찾아간다.

서울 시내에서 가면 중랑구와 구리시의 경계가 되는 망우리 고
개를 넘자마자 나오는 주유소 전의 건널목을 건너 왼쪽 산 위로 올
라가면 오른쪽 위에 사각 비석이 보이는데, 그곳이 강소천 선생 부

부의 묘역이다. 사유지에 만들어진 개인 묘지이다.

1963년 1월 1일의 행정구역 개편 후로는 행정상으로는 구리시 교문동에 속하지만, 예전에는 산 전체 지역이 망우리로 불려 오랫동안 '망우리의 소천 묘'라 하였다. 작은 샘이 아동문학의 큰 바다가 되어 망망히 펼쳐져 있듯, 소천 묘에서 바라보는 시야는 광활하여 저 멀리 남산까지 닿는다.

소천(작은 샘) 강용률은 1915년 함남 고원에서 부친 강석우와 모친 허석운의 2남 4녀 중 차남으로 태어났다. 소천의 조부 강봉규는 조선 북쪽 지방의 개척전도자인 전계의 목사의 전도로 일찍이 기독교에 입문하였다. 친구와 함께 고향 마둔리에 교회를 세웠을 정도로 독실한 기독교인이었기에, 소천 또한 유아세례를 받고 독실한 기독교인으로 자라났다.

고원공립보통학교 때인 1930년에 잡지 《아이생활》에 동시 「버드나무 열매」를 발표하며 활동을 시작, 1931년 영생고보에 들어간 후 여러 지면에 동시를 다수 발표했다. 영생고보는 캐나다 장로회 선교부가 세운 학교로, 당시 교장은 김관식 목사였다. 김관식 목사는 독립지사 김규식의 사촌동생이기도 하여, 학교는 민족주의의 색채가 짙었다.

하지만 일제의 조선어 교육 철폐에 따른 실의로 4학년 때 휴학하고 북간도로 갔다. 용정의 외삼촌 집에서 머무르던 1년간 주일학교 교사를 하며 동아일보 등에 동시를 다수 발표했다. 이때 윤석중의 원고 청탁으로 쓴 동시 「닭」은, 해방 후 교과서에 실리며 대표적 작품이 되었다.

◀ 강소천 근영
어린이 헌장 ▼

다시 복학한 1936년 5학년 때 영생고보 영어 교사로 부임한 시인 백석과 교유, 그 인연으로 백석은 소천의 동시집 『호박꽃초롱』(1941)에 「서시」를 써 주었다. 백석 또한 동경 유학 시 세례를 받은 기독교인이며, 기독교계 아오야마가쿠인(靑山學院)대학 영문과를 졸업했다.

1937년 고보 졸업 후 주일학교 교사를 하며 신문과 잡지에 동시와 동화를 계속 발표, 특히 1939년 동아일보에 연재된 동화 「돌멩이」는 예술적 경지까지 오른 작품으로 평가받았다(동아일보 1939.10.17.).

31세 때 해방을 맞아 고원중학교, 청진여고, 청진제일고 교사를 지내며 아동문학의 재건에 힘썼지만, 북한 정권은 신앙의 자유를 인정하지 않았다. 기독교인이자 대지주 집안의 소천은 재산을 모두 빼앗기고 불안 속에 지내다가, 1951년 1·4후퇴 때 흥남에서 LST를 타고 단신으로 월남했다.

특히 기독교인에게는 목숨이 걸린 탈출이었는데, 기독교인이었기에 LST에 간신히 탈 수 있었다고 한다. 월남 이후 다시 만나지 못한 가족과 친구에 대한 그리움은 「꿈을 찍는 사진관」 등 그의 작품에 큰 테마로 자리잡게 되었다.

거제도를 거쳐 1951년 부산에서 우연히 만난 영생고보 동창 박창해의 주선으로 문교부 편수국에서 근무하고, 1952년에는 월간 《어린이 다이제스트》의 주간으로 잡지를 만들기 시작했다.

1953년 휴전이 되어 서울로 올라온 소천은 고보 동창 전택부(1915~2008, YMCA 재건의 주역)를 만나 대한기독교서회가 설립한 새벗사의 일을 도와주다가, 전택부가 《사상계》로 자리를 옮기자 그를 이어 《새벗》의 주간을 맡았다.

이후 잡지의 출간, 창작 활동 외로도 1953년 문인협회의 아동문학분과위원장, 1955년 한국아동문학연구회 설립, 1957년 5월 5일 어린이날을 기해 〈어린이 헌장〉을 발표, 1959년 이화여대와 연세대에서 아동문학 강의, 동년 문교부 국정교과서 편찬심의위원, 1961년 아동문학연구회 회장, 1962년 한국문인협회 이사를 지내는 등 아동문학의 발전을 위해 헌신했다. 또한 KBS 라디오 방송 프로그램 〈재치문답〉 등에 고정출연하며 작가적 재치로 대중적으로도 이름을 널리 알렸다.

그의 작품 중에서는 「어머니의 성경이야기」, 「에덴동산」, 「포도나무」, 「산양」 등이 기독교 신앙이 표출된 것으로 평가받고 있다. 1962년에는 작곡가 나운영 장로(서울성남교회)와 어린이용 『주일학교찬송가』를 펴내기도 하였다.

1963년 4월 30일에 문화공보부의 제2회 〈5월 문예상〉 문학 부문 수상자로 결정되었으나, 안타깝게도 어린이날 바로 다음날인 5월 6일 서울대부속병원에서 간암으로 타계했다. 임종 전에 소천은 동향 친구 강춘환 장로와 유관우 집사에게 찬송가 「아 하나님의 은혜로」를 불러달라고 부탁했다. 소천은 나지막이 찬송가를 따라 부르며 평안하게 눈을 감았다.

아 하나님의 은혜로 이 쓸데없는 자
왜 구속하여 주는지 난 알 수 없도다.
내가 믿고 의지함은 내 모든 형편 아시는 주님
늘 보호해 주실 것을 나는 확실히 아네
 - 「아 하나님의 은혜로」(찬송가 310장 1절)

장례식은 5월 10일 새문안교회에서 이영헌 목사 주례로 거행되었고, 이외로도 5월 18일에는 대구에서, 5월 14일에서는 광주에서도 각기 추도회가 열렸다.

다음해 4월 3일 면목초등학교 어린이들은 소천이 지은 「자라는 나무」를 부르며 10리 길을 걸어와 묘지에 30그루의 꽃나무 심었고, 전국 각지 어린이로부터 묘비 건립 성금이 답지하여 1주기에 시비 제막식이 열렸다.

생전 자주 찾아가 글짓기를 지도했던 이대부초의 어린이 합창단 40명이 오르간을 메고 찾아와 고인의 노래를 불렀다. 3개월 후 배영사는 『강소천 아동문학전집』(전6권)을 출간, 이는 우리나라 아동

망우리 언덕의 십자가

강소천 묘비 제막식

문학가로서는 최초의 개인 전집이었다.

1965년부터 김동리, 박목월, 박종화, 조지훈 등의 문학가들이 부인 최수정과 함께 〈소천아동문학상〉을 제정하여 지금껏 이어지고 있다. 1985년 금관문화훈장을 추서받았고, 1994년 문화체육부 '5월의 문화인물'로 선정되었다.

묘 우측에는 기독교인으로서의 비석이 서 있는데, 앞면에는 '집사 진주 강공 소천지묘', 뒷면에는 두서에 올린 디모데후서 4장의 글이 새겨져 있다. 그리고 묘 앞의 시비 앞면에는 대표작 「닭」이, 뒷면에는 박목월 시인의 추도사가 김충현 서예가의 글씨로 새겨져 있다.

「닭」은 북간도에 있을 때 고국의 하늘을 그리워하며 지어 보낸 시라고 한다. 전쟁으로 월남한 소천은 평생 북쪽 고향의 하늘을 그리워하였으니, 비석의 시는 고인의 간절한 마음을 전해 주는 듯하다.

닭
물 한 모금 입에 물고
하늘 한 번 쳐다보고
또 한 모금 입에 물고
구름 한 번 쳐다보고

강소천은 갔지만
동화 나라의 강소천은
어린이와 더불어
영원히 이 세상에
살아 있으니라

부인과 자녀

우측에는 '권사 해주 최씨지묘'라고 부인 최수정 여사의 비석이 서 있다. 뒷면에는 이렇게 새겨져 있다.

주께서 내 원수의 목전에서 내게 상을 베푸시고 기름으로 내 머리에 바르셨으니 내 잔이 넘치나이다. 나의 평생에 선하심과 인자하심이 정녕 나를 따르리니 내가 여호와의 집에 영원히 거하리로다.
- 시편 23장에서

최수정 여사는 1919년 출생하여 해주 행정(幸町)고녀를 졸업하고, 1954년 결혼 후 소천을 내조하며 소천 관련 자료를 꼼꼼히 모아놓았다. 부군 사후, 가족을 부양하기 위해 동방생명(현 삼성생명) 외판원으로 나서 1975~1977년 3년 연속 전국 최고 기록으로 최우수여왕을 차지하기도 했다. '보험할머니'로 70여 세까지 활동하여 모은 돈을 어린이 사업과 어린이공원 문학비 건립(1987) 등에 쓰고, 1988년에 부군 옆으로 왔다.

2녀 1남을 잘 키워 맏딸 남향은 서울대 응용미술과, 차녀 미향은 중앙대 연극영화과를 졸업했고, 장남 현구(59년생)는 대기업을 정년퇴직하고 '영원한 어린이들의 벗 강소천' 사이트를 만들고 운영하는 등 부친을 기리는 사업에 힘쓰고 있다.

글을 쓰면서 좀 놀랐는데, 아직 우리나라 어디에도 강소천 문학관이 없고, 전체를 아우른 아동문학관도 없다. 장남 현구 씨의 말에 따르면, 1994년 한 재벌회사로부터 건립 추진 제의가 있었으나 외환위기 등 악재가 겹치며 사업이 무산되었다고 한다.

기념관이나 문학관의 방문으로 어느 세대보다 큰 교육적 효과를 얻는 것은 어린이들이다. 유족은 많은 강소천 자료와 유품을 모친 사후에 모두 국립어린이청소년도서관에 기증하여 당시에는 소규모의 전시관이 만들어졌지만, 지금은 대부분의 자료가 서고에 처박혀 오로지 연구자들만 찾고 있다.

망우리에 '강소천 아동문학관'을 설립하는 것은 어떨까. 망우리에 계시는 선배 아동문학가 방정환 선생까지 함께 모셔도 좋을 것이다. 묘소 참배와 연계하면 이보다 좋은 현장학습은 없다.

▲ 강소천 묘역
▼ '유관순' 악보

마지막으로, 유관순 편에도 소개했듯 소천 선생이 계신 곳의 건너편 언덕에는 유관순 열사의 유해가 있는 것으로 인정된 이태원묘지무연분묘합장묘역이 있다. 2020년 9월 26일 중랑구청과 유관순기념사업회는 공동 주관으로 유관순 열사 100주년 추모식을 열었다. 이날 강소천 작사의 유관순 노래를 어린이합창단이 불렀고, 앞으로도 계속 그러할 것이다.

※ 찾아가는 길
중랑구와 구리시의 경계가 되는 망우리 고개를 넘자마자 나오는 GS주유소 전의 건널목을 건너 다시 좌측 길 건너면 산 위로 올라가는 계단이 있다. '구리둘레길' 표지가 있다. 그곳을 계속 올라가 우측 위에 사각 비석이 보인다. '망우리 사잇길'이라 적힌 리본을 찾아서 따라가면 된다. 경기도 버스 51번의 '딸기원 서문' 정거장이 가깝지만, 버스가 잘 오지 않으니 다른 경기도행 버스를 타고 '딸기원(중문)' 정거장에 내려 3분 정도 거슬러 올라와도 된다.

크리스천 홈의 태양

유달영의 제자 이경숙
(李景淑 1924~1953)

　묘번은 203364. 아사카와 다쿠미 묘 바로 아래에 있다. 2014년에 일본인 다쿠미 묘 옆에 너른 자리가 마련되기 전까지는 다쿠미 추도식에 참석한 이들은 이경숙의 묘 앞자리에서 신세를 졌다. 비명을 읽어본다. 앞면에는 십자가 아래 '李景淑 무덤'이라고 적혀 있고 아래에 뒷면을 옮기되 한문은 한글로 옮겼다.

　소녀시절엔 일정 하 민족애의 꽃
　청년 때엔 정열적인 어린이의 스승
　장년엔 크리스챤 홈의 태양
　이 나라 MRA운동의 개척자의 하나
　순수한 신앙 착한 덕행의 30년
　일생은 이 고장 여성의 영원의 거울

　1953년 11월 18일 서울대학교 교수 유달영 씀

이경숙은 개성의 호수돈여고를 나왔다. 호수돈여학교는 1899년 미국 남감리교회의 여성 선교사로 개성에 온 캐롤 여사에 의해 설립되었다. 1910년 미국 홀스톤(holston) 지방 부인협회의 원조를 받아 호수돈(好壽敦)으로 이름을 바꾸고, 1953년 대전에 새로 개교하여 지금에 이른다.

호수돈여학교는, 도산 안창호가 조카딸의 전학 문제로 유달영을 찾아와, 겨레의 딸로 길러줄 만한 학교를 물색한 끝에 최종적으로 선택했다고 전했을 정도로 민족주의적 색채가 강한 학교이다. 개성의 3·1운동에 호수돈 여학생들이 주체적으로 참여한 기록이 있다.

유감스럽게도 이경숙의 학교 졸업 후의 사회적 행적은 사료에 보이지 않는다. 비문을 짓고 쓴 유달영(1911~2004) 박사는 무교회운동 김교신의 양정고 제자로, 농촌계몽운동 등 사회운동에 큰 공적을 남긴 기독교인이다. 소설 「상록수」(심훈)의 실제 모델 최영신을 세상에 알리기도 한 유달영 박사의 글과 글씨가 비석의 문화적 가치를 높여주었다.

스승 유달영

유달영은 수원고농(서울 농대)을 졸업하고 일본인 교수가 알선한 총독부 자리를 거부하고 함석헌, 김교신의 주선으로 호수돈여고에 부임하였다. 그는 여성 교육이 민족 광복의 바탕이 될 것이라는 신념 하에 학생들을 가르쳤다. 그때 한국 MRA(도적재무장 Moral Re-Armament) 운동을 시작했는데, 제자 이경숙도 스승

망우리 언덕의 십자가

을 따라 MRA에 관여하고 결혼 후에는 남편도 함께 관여하였다.

유달영은 최영신 외에도 우리나라 여성 사회운동가에 대한 글을 몇 편 남겼는데, 이경숙에 관해서는 그의 수상집 『눈 속에서 잎 피는 나무』(1967, 중앙출판공사)에 자세히 나온다. 그 내용에 유족의 취재 내용을 덧붙여 아래에 소개한다.

유달영은 이경숙의 입학 때부터 졸업 때까지 담임선생이었다. 근시 안경을 쓴 이경숙은 우울한 성격으로 말이 없어 별로 눈에 띄지 않았다. 가정 방문을 해보니, 아버지는 중학 때 만주에 가서 행방불명이 되었다고 하는데, 아마 독립운동을 에둘러 말한 것으로 보였다. 어머니는 삯바느질을 하며 어렵게 두 딸을 키우고 있었는데, 기독교 신자인 어머니는 어려운 환경에서도 자식들을 학교에 보내고 있었다.

1년이 지난 후부터 이경숙은 유달영을 아버지처럼 믿고 따랐고, 유달영도 그녀의 성장을 놀라운 눈으로 바라보았다. 얼굴에도 화기가 돌고 빛나서 딴 사람이 되었다. 점수가 박한 교사가 많았던 그 시절에도 평균 97점의 놀라운 성적으로 수석 졸업하고, 경기도지사상을 받았다.

3년 늦게 입학한 여동생 이영선(1927~2016)은 "네가 바로 이경숙의 동생이냐?"라고 모든 교사들이 묻기에 심적 부담이 컸다고 한다. 동생도 언니에 부끄럽지 않게 공부를 잘해 당시 학교에서 유일하게 서울대(사대 생물학과)에 합격했다. 졸업 후 숙명여고 교사로 정년까지 일했다.

그렇지만 경숙은 늘 자신은 보잘것없는 사람이라고 겸손해 했

2부 눈물의 씨앗, 기쁨의 열매

다. 유달영은 자신이 재직하던 개성공립중학교의 국어교사 구교정을 중매해 주어 간소한 결혼식의 주례를 맡았다.

"이 겨레를 위해 나의 모든 것을"이라는 것이 이경숙의 한결같은 신념이었다. 남편도 "저는 제 아내를 사랑하고 또 존경합니다"라고 유달영에게 전했다.

이경숙은 개성 교외의 시골 학교에서 교편을 잡고, 불쌍한 어린이들을 진정으로 사랑해 주었다. 가끔 교육 상담을 위해 영원한 스승 유달영의 집을 찾았고, 페스탈로치와 같은 삶을 살고자 하여 개성시의 큰 학교에서 불러도 가지 않았다.

시어머니는 미신덩어리의 완고한 노인으로 가혹하게 며느리를 다루었으나, 몇 년이 가지 않아 시어머니는 며느리를 따라 크리스천이 되었다. 시어머니는 유달영에게 이렇게 말했다.

"제 며느리는 성인이죠. 이 하늘 아래 그런 사람이 또 있을까요. 나도 그 착하고 어진 마음씨에 결국 항복하고 말았어요, 선생님!"

경숙은 진심으로 아껴주고 받들어주는 지성이 있을 뿐이요, 수단을 부릴 줄 모르는 여자였다. 하지만 늘 너그럽고 부드럽고 남 앞에서 말하기 쑥스러워 하는 그녀는, 불의에는 엄숙하고 날카로운 얼굴로 맞섰다.

1949년 월남하여 인천여중고 교사로 있던 남편이 어느 사람들의 부정한 사실을 보고 이를 밝히고자 하자, 이들은 지방언론사를 이용해 남편을 위장 월남한 공산당으로 모함했다. 이경숙은 검찰, 법원, 학교를 찾아다니며 남편의 무죄를 호소했다. 학교 여학생들이 들고일어나 경찰에 진정서를 내고, 지역 청년들도 가세하여 시

늘 성경을 가까이한 이경숙의 생전 모습

비는 밝혀졌다. 사실 구교정은 개성중학에 있을 때 적색분자들과 투쟁하다가 월남하였던 것이다.

1남 2녀를 두었는데, 4번째 태아를 임신한 상태에서 어느 날 기도를 하다가 앞으로 쓰러지며 태아가 죽고 연이어 심장마비가 일어나 이경숙은 별세했다.

추도회 때에 방 한구석에 앉아 눈물만 흘리는 사람이 있었다. 그는 피난처에서 이경숙 부부가 피나게 모은 적잖은 돈을 빌려서 시작한 사업에 실패하여 조금도 갚지 못한 사람이었다. 이경숙은 친구의 돈을 갚지 못하는 그의 마음이 더 괴로울 것이라고 하며 오히려 가끔 그를 찾아가 너무 미안해 하지 말고 사업에 노력하라고 격려해 주었다는 것이다.

화장터에서 화부들은 이경숙의 뼈에서 큰 사리가 나왔다며 놀라워했다. 시어머니는 며느리의 거룩한 재를 묘지에 묻어두기 싫으니 강에 뿌리고자 했으나, 유달영이 이곳 망우리의 묘를 마련하여 묻어주었다. 어린 제자들이 성장해서 또 자식들과 친구들이 이 무덤을 찾을 때마다 그 아름다운 인격을 추억하는 시간을 갖도록 하자는 생각에서였다.

마지막으로 유달영은 이렇게 끝을 맺었다.

이 여사는 내가 본 가장 아름답고 숭고한 여성이었다. 나는 그를 사랑하고 사모하고 또 존경한다. 내가 이 나라에서 이 여사를 만나본 것만으로도 이승에 태어난 보람은 크다고 믿는다. 공중을 떠다니는 비누풍선 같은 종로와 명동 거리의 여성들을 우두커니 서서 바라볼 때마다 나는 이 여사를 간절하게 회상한다. 이 나라의 썩은 끄트러기에서 돋아날 희망의 움이 있다면, 그것은 가정에서 구해야 할 것이다. 사나운 탁류를 막아내어 민족의 생명을 건지는 마지막 방파제가 있다면, 그것도 건전한 가정에서 찾아야 할 것이다. 나는 이경숙 여사의 짧은 인생에서 내가 가슴에 그리는 이 나라 여성의 영원의 거울을 발견하였다고 믿는다.

이경숙의 남편 구교정(1920~2015)은 1940년 개성송도고보 졸업 후, 1944년에 일본 관서대학 경제학과를 졸업하고 귀국해, 유달영이 재직하던 개성공립중학교에서 국어교사로 함께 근무했다. 1949년 월남 후에는 인천여중고 영어교사, 6·25 때는 미8군 통역관으로 일했다.

1·4후퇴 시 남을 생각할 여유가 없는 혼란 속에서도 이경숙은 서울로 올라와 만삭의 친구와 아이들을 데리고 와서 인천 바닷가에 준비해 놓은 배에 함께 타고 제주도로 피난 갔다. 1954년 대한

중공업공사(현 현대제철) 기획실장이 되고, 동년 8월 12일 사무실이 없던 MRA 한국본부의 정기집회를 자사 사무실에서 가졌다. 동덕여대 영어강사로 재직하던 1957년 3월 필리핀 바기오에서 열린 MRA 국제대회에 한국 대표로 참석하고, 4월에 귀국하여 민의원 윤성순과 정준, 송죽회장 박현숙, 학생대표 최상우 등 4인과 함께 각 언론사를 방문하여 회의 결과를 전했다.

그 후로는 에버렛기선회사 한국지사 근무, 1961년 삼원물산 대표 등 분주한 실업계에 종사했다. 재혼한 부인을 따라 가톨릭으로 개종하여 더 이상의 MRA 활동은 하지 못했다.

1973년 이후 망우리에는 새로운 묘가 들어오지 못했기에 다른 가족은 모두 파주의 성당에 묘가 있다. 아들 구관우 씨(1947~)는 대학생 때부터 자신이 앞장서서 돌봐온 망우리의 어머니 묘에 애착이 크다. 하지만 홀로 떨어진 어머니 묘의 관리는 자신의 대에서 끝나게 될 터라 미래가 걱정스럽다.

이경숙 비문

지금 와서 보건대, "우리의 역사는 세상이 알지 못하는 이런 사람들에 의해 지탱되어 가는 것이고 또 발전되어 갈 것이다"라고 하며 그 옛날 70여 년 전에 망우리에 묘를 마련하고 비문을 남긴 유달영 박사의 판단은 옳았다.

기독교계도 저명한 목회자만을 찬양하는 역사에서 벗어나야 한다. 비록 이경숙은 망우리의 다른 유명인처럼 사회에 뚜렷한 흔적을 남기지는 못했지만, 유달영 박사가 남겨준 비석으로 인해 우리는 평범하되 신앙의 힘으로 아름답게 살다 간 한 여성의 삶을 생각하게 된다. 계속 이곳에 남아서 묘를 찾는 이 나라 여성에게 영원한 거울이 되기를 바라 마지않는다.

※ 찾아가는 길
관리사무소 위의 장식가벽에서 왼쪽으로 가서 지석영 연보비를 지나가면 우측에 항아리 조각품이 서 있는 묘가 아사카와 다쿠미의 묘인데, 바로 아래에 있다.

영원한 우리의 친구가 된 일본인

민예연구가 아사카와 다쿠미
(淺川巧 1891~1931)

> 건강한 자가 음식의 참맛을 알 수 있는 것처럼, 건전한 신앙을
> 가져야 진정한 행복을 맛볼 수 있다. 참된 행복은 하나님에게서 받
> 는 것이다. 우리는 세속의 행복과 구별하기 위해 하나님으로부터
> 받은 행복을 축복이라고 부른다. 나는 지금 축복을 느낀다.
>
> - 일기(1922년 9월 2일)

매년 4월 2일을 전후해 망우리공원의 동락천 약수터 근처에 많
은 한일 양국인이 한 무덤을 둘러싸고 참배하는 광경을 볼 수 있다.
무덤의 주인은 1931년 4월 2일 식목일 기념행사 준비 중 타계한
당시 총독부 산림과 직원 아사카와 다쿠미. 해방 후 거의 모든 일본
인은 파묘까지 하여 본국으로 돌아갔는데, 그는 왜 아직 이곳에 남
아 있는가.

무덤 오른쪽 작은 비석 '아사카와 다쿠미 공덕지묘(淺川巧功德
之墓)'는 1966년 임업시험장 직원 명의로 세운 것이다. 그 앞쪽의
항아리 조각품은 다쿠미가 생전에 좋아한 백자를 형상화한 조각

209

품으로, 조각가로도 활동한 그의 형 아사카와 노리다카(淺川伯教 1884~1964)가 다쿠미 타계 1주기 때 세운 것이다. 노리다카는 조선 전국 700여 곳의 가마터를 답사해 조선 도자의 역사를 정립하고, 광복 후에도 미군정의 의뢰로 이곳에 남아 연구 결과를 정리하고 돌아간 당대 최고의 조선 도자 전문가였다.

왼쪽에 서 있는 검은 단비는 1984년 8월 23일에 임업시험장 직원들이 새로 세운 것으로, 앞면과 뒷면에 다쿠미의 간단한 약력이 새겨져 있다.

> 앞면 : 한국의 산과 민예를 사랑하고 한국인의 마음속에 살다간
>   일본인 여기 한국의 흙이 되다
> 뒷면 : 아사카와 다쿠미 1891.1.15 일본 야마나시현 출생,
>   1914-1922 조선총독부 산림과 근무, 1922-1931 임업시험
>   장 근무, 1931.4.2 식목일 기념행사 준비 중 순직. 주요 업
>   적 : 잣나무 종자의 노천매장발아촉진법 개발(1924), 조선의
>   소반(1929), 조선의 도자명고(1931) 저술

다쿠미는 야마니시현 기타고마(北巨摩)군의 마을 유지 집안에서 1891년 출생했다. 고마, 구마는 곰(熊)에서 변화된 말로 일본에서는 예로부터 고려, 고구려를 가리켰다. 고마군은 고구려에서 귀화한 사람들이 살았던 땅이었으니, 다쿠미의 조선과의 인연은 우연이 아닌 것 같다.

1907년 4월 야마나시현 농림학교에 입학하고, 먼저 세례를 받

은 형에 이어 그해 10월에 고후(甲府)감리교회(1879, 캐나다 감리교)에서 세례를 받았다. 졸업 후 1909년 9월부터 아키타현 오오다테 영림서에서 근무하다, 1913년에 먼저 조선에 건너와 소학교 교사로 일하던 형의 권유로 1914년 조선으로 왔다.

아사카와 다쿠미 근영

총독부 농공상부 산림과 임업시험장에 고원(雇員, 일급제 준공무원)으로 들어가 1921년에 기수(技手, 기술직 판임관. 여기부터 관리)로 승진했다. 임업시험장의 청량리 이전으로 1922년 2월부터 청량리에서 살았다. 하급 공무원이었지만 때로는 상사와 기술적 논쟁도 벌이며 양묘(養苗)와 조림에 대한 실험 논문도 다수 발표했다.

다쿠미의 일기에서는 기독교인으로서의 면모도 엿볼 수 있다. 교회는 주로 아사히초(旭町, 회현동)의 일본인 감리교회에 다닌 것으로 보이는데, 다른 곳의 일본인 교회나 조선인 교회에도 가리지 않고 설교를 들으러 갔다. 믿음직하지 못한 교회나 목사보다는 예수님에 대한 믿음에서 기부를 했다.

특히 조선인에 관련된 내용으로는 1월 28일(설날), "밖에 나가니 아름다운 옷을 입은 아이들이 즐거운 모습으로 다니고 있다. 조선인 아이들의 아름다움은 각별하다. 그 아름다운 천사 같은 사람들의 행복을 우리(일본인)의 행위가 어느 곳 어느 때에 방해하고 있다면, 하나님 모쪼록 용서해 주시기 바랍니다⋯."라고 하며 자신 속의 양심, 조선인에 대한 죄의식을 드러내고 있다.

동년 8월 7일의 일기에는 "교회 (일본) 청년들의 조선인에 대한 태도는 실로 몰지각하다. 순진한 벗(조선인)의 음악이나 춤을 냉소하는 태도는 한심하다. 어떻게 보아도 기독교인답지 않다. 오랜 세월, 잘못된 정치와 사회 제도 속에 놓인 가난한 벗들이 농한기에 하루 모여 그 답답한 마음을 풀기 위해 너른 들판에서 추는 춤이다. 우리 고향의 봉오도리 춤보다 예술적이라 할 수 있다"고 하며 일제에 고통 받는 조선인에 대한 연민을 드러내고, 조선인을 같은 인간으로서 이해하고 대접하지 않는 자들에 대한 분노를 드러내고 있다.

야나기 무네요시와 아사카와 다쿠미

1923년 9월 어느 날. 경성 밖 청량리의 한 집에는 밤늦도록 불이 켜져 있었다. 방 안에는 《폐허》 동인 오상순, 염상섭, 변영로가 보이고, 집 주인인 또 한 사람은 30대 청년이다. 조선옷을 입고 조선말을 자유자재로 구사하며 대화를 나누는 것으로 미뤄 영락없는 조선인. 하지만 그는 일본인 아사카와 다쿠미였다.

다쿠미는 《폐허》 동인들뿐 아니라 많은 조선인과 교유했다. 일기에 따르면, 다쿠미는 야나기 무네요시(柳宗悅, 1889~1961)가 일본에서 보낸 광화문 철거 반대 기고문을 당시 동아일보 장덕수 주필에게 넘겨 게재하게 했고, 동아일보 김성수 사장과는 정원사를 소개하고 나무를 선물한 인연으로 저녁식사를 함께하기도 했다. 동갑 친구라 그런지 '김성수 군'으로 등장한다.

그날 다쿠미와 오상순 등은 야나기 무네요시의 아내 야나기 가네코(兼子)의 음악회 준비를 협의하고 있었다. 가네코는 일본의 유명 성악가로 1920년 5월 4일 동아일보가 주최한 첫 번째 음악회를 시작으로 조선에서 음악회를 수차례 열었고, 거기서 나온 수입은 주로 조선민족미술관 건립 등을 위한 비용으로 사용했다. 그날 협의한 음악회는 1924년 4월 3일 경성의 기독교청년회관(YMCA)에서 열리고, 수익금은 관동대지진으로 무너진 동경 조선기독교청년회관 재건 기금으로 기부됐다.

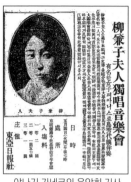

야나기 가네코의 음악회 기사
(동아일보 1920.04.03.)

야나기는 해군 장성의 아들로 동경대 철학과를 졸업하고 도요대학에서 종교학과 교수를 지낸 지식인이었다. 그는 부친(해군 소장 전역)의 해군 후배인 사이토 조선총독의 도움을 받아 조선민족박물관을 설립하고, 조선의 민예를 이론적으로 전파하는 데 큰 족적을 남겼다.

청화백자추초문각호,
일본민예관 소장

야나기가 조선의 민예에 처음으로 눈을 뜨게 된 계기는, 다쿠미의 형 노리다카가 야나기에게 선물로 건넨 청화백자추초문각호(靑花白磁秋草紋角壺)였다. 직경 10.9cm, 높이 13.5cm의 이 작은 백자는 야나기가 1936년 동경 고바마에 설립한 '일본민예관'에 다른 조선 민예품과 함께 지금도 소중히 전시되어 있다. 일본민예관이라는 이름이 붙어 있지만, 2층에 마련된 방 하나에는 이 백자를 중심으로 오로지 조

2부 눈물의 씨앗, 기쁨의 열매

선 민예품만을 상설전시하고 있어, 일본민예관의 뿌리가 어디에 있는지를 여실히 보여준다.

이런 계기로 조선을 찾은 야나기는 다쿠미를 알게 됐고, 이후 평생의 동지로 지냈다. 다쿠미가 경성에 거점을 두고 조선 민예의 조사 결과를 야나기에게 전수하면, 야나기는 일본에서 조선 민예의 이론을 정립하고 전파하는 노릇을 했다. 또 조선민족미술관을 설립할 때에는 장소 확보와 자금 조달 등의 임무를 야나기가 맡고, 전시품의 수집 관리 등의 실무는 다쿠미가 도맡았다.

야나기는 조선 민예에 관해 다쿠미로부터 큰 영향을 받았다. 야나기는 처음에는 일부 피상적 경험과 역사적 사실에 근거해 조선의 미가 '비애의 미'라는 논리를 폈다. 『조선과 예술』의 머리말에도 "가장 슬픈 생각을 노래한 것이 가장 아름다운 시다"라는 셸리의 시구와, 유명한 희곡은 대개 비극이었다는 사실을 들며 조선의 미는 비애가 낳은 것이라고 주장했다. 이 때문에 한국에서 번역된 이 책은 집중적인 비판 대상이 되기도 했다.

하지만 야나기는 이 책이 나온 지 얼마 후 다쿠미의 영향을 받아 생각을 바꿨다는 사실은 모르는 사람이 많다. 다쿠미는 실생활에서 얻은 체감으로 조선의 낙천성, 해학성을 이미 파악하고 있었으며, "많은 훌륭한 공예품(조선의 미)은 조선의 융성 시기에 꽃핀 것"이라고 설파했다.

불후의 명저 '조선의 소반'과 '조선도자명고'

다쿠미는 『조선의 소반(朝鮮の膳)』과 『조선도자명고(朝鮮陶磁名

◀ 『조선도자명고』 삽화
◀◀ 『조선의 소반』 삽화 '돌상'

考)』를 남겼다. 이것은 한 권으로 묶여 『조선의 소반 · 조선도자명
고』(학고재, 1996)로 번역 출간됐다. 한국 도자의 연구자들 사이에
지금도 자주 인용되는 귀중한 자료다.

다쿠미가 소반에 주목한 것은, 소반이 온돌방에 앉아 식사하는
문화를 가진 조선에서만 볼 수 있는, 중국에는 없는 '조선 고유의
공예품'이기 때문이다. 또 소반은 사용자에 의해 아름다움이 더해
가는 공예의 표본이라 생각하였다. 『조선의 소반』 머리말은 그의
이런 생각을 잘 반영한다.

올바른 공예품은 친절한 사용자의 손에서 차츰 그 특유의 미를
발휘하므로 사용자는 어떤 의미에서는 미의 완성자라고 할 수 있
다. ⋯ 조선의 소반은 순박 단정한 아름다움이 있으면서도 우리 일
상생활에 친히 봉사하여 세월과 함께 아미(雅美)를 더해 가므로 올
바른 공예의 대표라고 칭할 수 있다.

『조선도자명고』는 다쿠미 타계 5개월 후인 1931년 9월에 출간

됐다. 이 책은 다쿠미가 오랫동안 조선 도자기의 명칭, 형태와 기원을 조사해 정리한 책이다. 다쿠미는 이 책을 집필한 이유를 머리말에서 이렇게 밝혔다.

　작품에 가까이 다가가 민족의 생활을 알고 시대의 분위기를 읽으려면, 우선 그릇 본래의 올바른 이름과 쓰임새를 알아둘 필요가 있다. … 나아가 그릇을 사용하던 조선 민족의 생활상이나 마음에 대해서도 저절로 알게 되리라.

　그렇다. 요강을 본 어느 외국인은, 그 이름이 요강인 줄 모르면 머리에 쓰거나 음식을 담아서 먹기도 할 것이다. 이름은 그 물건의 용도, 본질을 가장 잘 나타내는 것. 세월이 흘러 이름을 잊어버리면 그 물건의 본질을 찾을 수 없게 되는 경우도 생긴다. 다쿠미 자신도 일기에서, "도자기의 명칭과 용도를 조사하는 일은 박물관도 지금 하지 않는 일이라 앞으로 큰 도움이 될 것"이라고 적었다.

　그런데 세계에서 두 번째로 자기를 만든 나라, 그리고 고려청자로 중국을 뛰어넘은 독보적 미를 창조했던 우리의 지금은 어떠한가. 손님에게 웨지우드 같은 유럽제 찻잔을 자랑스럽게 내놓으며 우리의 옛 도자기는 벽장 안에 모셔놓고 있지 않은가. 우리 도자기가 생활을 떠나 과시나 관상용 골동품으로 '전락'할 때 새로운 미는 창조되지 않는다. 아름다운 물건의 탄생은 당시대인의 생활에서 얼마나 친숙하게 사용되느냐에 달렸다. 『조선의 소반』에서 다쿠미가 마지막으로 남긴 말은 시사하는 바가 크다.

망우리 언덕의 십자가

지친 조선이여, 남의 흉내를 내는 것보다 갖고 있는 소중한 것을 잃지 않는다면 언젠가 자신에 가득 찰 날이 오리라. 이 말은 비단 공예의 길에 한한 것만은 아니다.

네 이웃을 네 몸 같이 사랑하라

다쿠미는 덕이 큰 사람이었다. 얼마나 덕이 컸으면 비석에 '공덕지묘(功德之墓)'라고 새겼을까.

그의 덕을 엿볼 수 있는 에피소드가 많다. 그는 월급의 상당 부분을 민예품을 수집하는 데 썼는데, 그렇게 모은 민예품도 나중에 대부분 조선민족미술관에 기증하고 집에는 깨진 물건만 남겨 놓았다. 어려운 직장 동료의 자식이나 이웃집 학생 여러 명에게 드러내지 않고 학비를 대주기도 했다. 여자 걸인에게는 가진 돈을 건네줬고, 남자 걸인에게는 일자리를 주선했다.

조선인과는 기생에서 비구니까지 신분의 차별 없이 친구로 지냈다. 임업시험장 인부들과 용두천에 물놀이도 가며 기쁜 일도 슬픈 일도 함께했다.

그렇게 진정으로 조선인과 교유한 다쿠미는 식목일 기념행사 준비로 과로한 나머지 급성 폐렴에 걸려 만 40세의 나이에 사망했다. 많은 조선인 이웃이 찾아와 곡을 했다. 평소 교분이 있던 청량사의 여승 세 명도 영전에 향을 올리고 조용히 눈물을 흘렸는데, 다쿠미의 부인이 나와 사의를 표하자 손을 붙잡고 "아이고…!" 하며 통곡을 하니 지켜보던 이들도 눈물을 참지 못했다.

가족은 다쿠미에게 조선 옷을 입혀 입관했다. 상여를 내보낼 때

아사카와 다쿠미의 묘

는 30여 명의 이웃이 생전의 은혜를 갚을 길이 없어졌다며 마지막 길에 서로 상여를 메겠다고 나서는 바람에, 이장이 그중에서 10명을 골라야 했다. 그가 사랑한 벗들의 상여 소리가 애절하게 울려 퍼지는 가운데 하늘에서 봄비가 눈물처럼 내렸다. 묘도 조선식의 봉분으로 만들었다.

1937년 이문리 묘지가 없어지면서 묘는 망우리공동묘지로 이장됐다. 해방 후 오랫동안 국교가 단절된 상태에서 다쿠미의 묘소는 돌보는 이 없이 덤불 속에 가려지고 조각품도 쓰러져 뒹굴고 있었다. 1964년에 화가 가토가 다시 찾아내고, 임업시험장의 한국인 후배들이 관리를 자청하고 나서 그들의 이름으로 1966년에 공덕비를 세웠다.

그 후 다쿠미를 기리는 양국민의 발길이 끊이지 않는 가운데, 다쿠미의 평전과 서간문도 나왔다. 고향 야마나시현 호쿠토시(北杜市)

망우리 언덕의 십자가

는 2001년 7월에 한국 도예가의 기증품을 받아 '아사카와 형제자료관'을 개설했고, 2012년에는 영화 '백자의 사람'이 양국에서 개봉되었다. 호쿠토시는 2014년에 수천만 원의 예산을 들여 묘역을 대대적으로 정비하였다.

다쿠미는 『조선의 소반』 서문에서 이렇게 말했다.

일상생활에서 필자와 가까이 지내면서 견문의 기회를 주고 물음에 친절하게 답해 준 조선의 친구들과 많은 도움을 준 분들에게 이 기회를 빌려 고마움을 표하고 더욱 친해지기를 바라 마지않는다.

※ 찾아가는 길
공원관리사무소 위 순환로 갈림길에서 왼편으로 1.5킬로미터쯤 가면 동락천 약수터가 나오는데, 약수터에 도착하기 전에 오른쪽 위를 쳐다보면 둥근 항아리 모양의 조각품이 서 있는 산소가 보인다.

한반도에 포플러와 아카시아를 심다

총독부 초대 산림과장 사이토 오토사쿠

(齋藤音作 1866~1936)

그때에 이리가 어린 양과 함께 거하며 표범이 어린 염소와 함께 누우며 송아지와 어린 사자와 살진 짐승이 함께 있어 어린아이에게 끌리며 … 젖 먹는 아이가 독사의 구멍에서 장난하며 젖뗀 어린아이가 독사의 굴에 손을 넣을 것이라. 나의 거룩한 산 모든 곳에서 서로 해됨도 상함도 없을 것이니…

  - 이사야서 11장 6~9절

식목일을 처음으로 제정하고 포플러와 아카시아를 심는 등 조선의 산림정책을 좌우한 총독부 고위 기술관료 사이토 오토사쿠의 삶을 살펴본다.

비면의 맨 앞 글자 '재(齋)' 자가 일부 깨져 나가 잘 보이지 않았지만, 비석 이름 위의 십자가와 비석 뒷면의 '소화11년(1936년) 6월 28일 소천(召天)'이라는 비명이 기독교인이며 조선총독부 산림과장, 영림창장을 지낸 사이토 오토사쿠(齋藤音作)의 비석임을 확실하게 증명해 준다.

망우리 언덕의 십자가

필자가 니이가타에 살고 있는 오토사쿠의 유족에게 확인한 결과, 오토사쿠는 사망 후 망우리에 묻혔고, 일본으로 이장한 적이 없다고 했다. 후손들이 1970년대에 망우리를 방문했었으나, 무덤은 찾지 못하고 근처의 흙만 한 줌 가지고 돌아갔다고 증언했다. 즉, 사이토 오토사쿠의 묘는 비석만 있고 봉분이 없는 일본식 묘로, 비석 밑에 오토사쿠의 화장된 유골이 묻혀 있는 것이다.

오토사쿠는 니이카타현 이와후네군 세키가와무라에서 사이토 겐사쿠의 장남으로 태어났다. 부친은 번(藩)의 재무관리이며 세카가와무라의 대지주인 와타나베가(家)의 가레이(家令, 집사)였다. 1891년에 고향의 다카노스 온천이 홍수로 폐허가 되었을 때, 겐사쿠는 온천을 직접 인수하여 부흥시켰다. 1906년 그의 사망 후 온천이 내려다보이는 언덕에 '다카노스 온천 개조(開祖) 사이토 겐사쿠 위렵탑'이 건립되어 대대로 사이토가의 묘지가 되었다. 메이지유신 후, 와타나베가는 지역 젊은 인재의 동경 유학을 물심양면 지원했는데, 오토사쿠도 여기에 포함되었다. 와타나베 저택(1817)은 국가지정중요문화재로, 역사극의 촬영 장소로도 활용되고 있다.

기독교인의 삶을 선택하다

동경대 학생 오토사쿠는 동경 우시고메의 고지마 간고(우시고메 구청장 역임)의 집에서 살았다. 고지마는 성공에 취해 매일 술과 방탕한 나날을 보내던 사람이었다. 한겨울의 매우 추운 밤, 오토사쿠는 문득 잠에서 깨어나 화장실에 갔다가 뜰을 바라보았다. 새하얗게 서리가 깔리고 밝은 달이 정원을 비치고 있는데, 정원의 한 구석에 사람 같은 물체가 웅크리고 있는 것이 보였다. 깜짝 놀라 자세히 쳐다보니, 그것은 고지마 씨의 부인이 아닌가. 부인은 남편을 위해 서리를 맞으면서 엄동의 한밤중에 남몰래 눈물을 흘리면서 기도하고 있던 것이었다.

그 형용할 수 없는 엄숙한 모습을 보게 된 젊은 오토사쿠는 마치 강렬한 전기에 감전된 듯한 느낌이었다. 그 감동에서 오토사쿠는 기독교인이 되었다. 고지마 씨도 부인의 정성에 감복하여 나중에 독실한 기독교인이 되었다.

가문은 막내 여동생이 의사 데릴사위를 얻어 잇게 하고, 오토사쿠는 임학 공부에 뜻을 두고 1890년 24세에 동경제국대학 임학과 졸업과 동시에 농상무성 산림국에 취직하여 관리로서의 길을 걷기 시작했다. 한편으로는 동경금주회 평의원, 동경부인교풍회 특별회원이 되고, 1896년 4월에 동경 우시고메 일본기독교회에서 오가와 요시야스(1831~1912, 일본 최초의 개신교 장로 및 목사)의 세례를 받고 기독교인으로서의 삶을 선택했다.

근무 외의 시간에는 기독교주의 학교인 메이지여학교에서 수학, 물리학 등을 가르쳤는데, 메이지여학교의 제자였던 무라코와 1895년 결혼했다. 곧 청일전쟁이 발발하여 육군 장교로 만주, 대만 등에서 군법회의 판사, 부관 등으로 근무하였다. 1896년 9월 소집해제가 되었으나 대만 총독 노기 마레스케의 부름을 받아, 대만 총독부에서 산림 개간 업무를 하는 무간주사(撫墾主事)직을 맡아 임이포(林圯浦) 무간서장으로 부임하였다.

그 해 11월 23일 대만 최고봉인 옥산(玉山, 3,952m)의 처녀 탐험에 성공하여 높이의 측정 및 생태 조사 결과를 보고했다. 이 탐험에 의해 옥산은 후지산(3,776m)보다 높다고 하여 일본에서는 '신고산(新高山)'이라는 이름으로 부르기 시작했다. 탐험의 기념으로 오토사쿠는 그 해에 태어난 딸을 '다마코(玉子)'라고 명명하였다.

1898년 3월 악성 말라리아에 걸려 귀국, 야마나시현 이치가와초에서 요양한 후 1899년 이사카와현 산림과장, 1902년 야마나시현 산림과장에 부임했다. 야마나시에 있을 때 1903년 오토사쿠는 자택에 동경의 목사를 초빙하여 집회를 열고 전도를 시작했다. 부인과 함께 교회의 장로로 봉사하였는데, 이 교회는 일본기독교 야마나시 교회로 이어져 지금도 존재한다.

1906년 홋카이도청 임정과장으로 부임하여 근무하며 많은 업적을 남긴 후 1909년 12월, 대한제국의 산림 전문가 초빙에 응해 농공상부 임정과장으로 부임했다.

사이토 오토사쿠 근영

총독부 초대 산림과장

1910년, 오토사쿠의 기획으로 순종 황제가 선농단에서 친히 식수식을 거행함으로써 전 국민에게 식목의 의의를 성공적으로 알렸다. 이를 계기로 곧 이은 한일합방 후 총독부 산림과장이 된 오토사쿠는, '병합의 대업을 영구히 기념하는 방법으로써' 매년 진무천황(神武天皇, 제1대 천황) 제삿날에 전국

2부 눈물의 씨앗, 기쁨의 열매

적인 기념식수를 할 것을 상부에 진언하였다. 이에 실행을 허락받은 바, 미국 등의 사례 조사와 더불어 민중의 풍습, 심리 상태를 고찰하여 그 실행 계획을 수립, 1911년 4월 3일 첫 번째의 기념식수일을 거행하기에 이르렀다. 이것이 식목일의 유래이다.

오토사쿠는 임정의 기초 데이터가 되는 임야의 소재, 임상 분포의 상태, 소유권의 관계 등을 조사하여 최초의 사업으로써 임야의 현상을 나타내는 임야분포도를 작성했다. 다음으로 국유림의 존폐 구분, 그 관리, 시행안의 편성, 불요존임야(不要存林野, 국유 불요 임야로 민간 처분 대상)의 대부조림, 민유림의 조림 장려 등, 임정의 기초 정책과 개척, 임야 조사의 실시에 착수하는 등 조선의 황폐한 산을 하루빨리 녹화하기 위한 정책에 진력하였다.

1915년 3월, 오토사쿠는 신의주에 영림창장(營林廠長)으로 부임하여 압록강, 두만강 유역의 국유림 재적조사(材積調査)와 시행안을 재편하고, 신의주 제림공장의 확장, 판매법의 개선에 착수하였다. 또한 목재 규격의 개정 통일을 단행하여 정량 거래를 실행했다.

한편으로 총독에게는 치산치수의 중요성을 역설하며 수리의 증진과 홍수의 방지 등을 위한 임정에 계속 진력하였다. 당시 조선에서는 건축재와 연료 조달에 어려움이 있어, 속성으로 자라는 수종인 아카시아(아까시)와 포플러(미루나무)를 전국에 심도록 총독부에 건의했다.

1918년, 민간 산림위탁 사업의 꿈을 펼치기 위해 28년간의 관직 생활을 의원사직했다. 1920년 주식회사 황해사에 임업부를 설치하고 고문에 취임하였으며, 1921년에는 조선산림회를 창립하여 상담역이 되었다. 1931년에는 황해사 임업부 사업을 계승, 직접 사이토 임업사무소를 설립하여 산림위탁경영 사업을 계속 전개했다. 그는 칙임관(勅任官, 차관·국장급) 이상의 관료로서, 퇴직 후에도 귀국하지 않고 조선에 남아 조선 땅에 묻힌 유일한 일본인이 되었다.

『조선 임업 투자의 유망』이라는 그의 저서를 보면, 총독부 정무총감 고다마(兒玉)가 추천사를 쓰고, 다음 쪽에는 사이토 총독이 붓글씨로 '호개소식(好個消息, 귀가 솔깃해지는 정보)'이라고 썼다. 즉 이 저서는 조선의 산림녹화를 꾀한, 조선총독부와 오토사쿠의 본국 일본인에 대한 투자 유치 안내서였다. 이 책의 서문에서 그는 자신의 철학을 이렇게 설명했다.

… 여생을 반도의 치산에 헌신할 각오로 퇴관 후에도 경성에 남아, 내 머리가 다 흴 때까지는 전 조선을 녹화시키고자 하는 염원을 계속 갖고 있다. 조선의 녹화, 즉 치산의 촉진을 기하는 것은 늙은 조선을 다시 젊게 하는 유일한 요법일 뿐 아니라 그 결과는… 임리(林利)의 증산, 부업의 진흥, 산업의 융흥, 민중생활의 안정 등에 공헌하는 바가 큼과 동시에 반도의 대장암인 한발과 수재를 퇴치하고, 나아가 국토의 보안, 기후의 조화, 풍경의 정미(整美), 사상의 순화 등에도 다대한 효과를 초래하는 것은 필연이므로, 반도의 치산을 촉진하는 것은 조선 통치의 완성에 극히 중요한 근적 대책이라 확신한다. (강조점은 원문)

이렇게 투자자를 유치하기 위해 일본 전국을 돌아다니며 노력한

2부 눈물의 씨앗, 기쁨의 열매

결과, 사이토 사망 때인 1936년 시점에는 수탁 면적 약 3만6천 정보, 위탁회사 및 자본가 40명, 산림수 70곳의 성과를 올렸다. 같은 기독교인 우치무라 간조의 일기를 통해 그의 산림녹화에 대한 일면을 엿보기로 한다.

월요일 내방객이 많아 바빴으나 조선의 사이토 오토사쿠 군으로부터, 자신이 지은 『덴마크 이야기』가 하나의 원인이 되어 조선반도에 매년 1억6천만 그루의 유용수목의 묘목이 심어진다는 것을 듣고 매우 기뻤다. 또 내지(일본) 및 대만에서 같은 이유로 수천만 그루의 묘목이 심어질 것이다. 이렇게 하여 앞으로 100년 후에는 자기를 국적(國賊)이라고 부르며 괴롭히는 일본인은, 그가 쓴 작은 저술의 결과로써 수십억 엔의 부를 얻게 될 것이리라. 정말로 기분 좋은 일이다. 자국인에게 미움을 받으면서 그들을 위해 노력하는 것은 특별한 명예이다.

- 『内村鑑三と韓國·朝鮮, 日記』
(1925년 6월 1일(월) '조선의 묘목' 원문은 일본어. 필자 역)

사이토 오토사쿠는 일제 산림정책의 총수로 일제의 조선 임야 수탈을 지휘했으며, 강압적이고 고식적인 식목 정책을 추진했다고 비난하는 사람도 있다. 하지만 다른 한편으로는, 우리나라 임업 근대화를 주도하고 녹화에 기여했다는 긍정적인 평가도 받고 있다.

아카시아의 예를 들자면, 아카시아는 뿌리 생장 속도가 빨라 다른 식물 생장을 방해한다는 주장과, 아카시아 식림으로 조기 녹화와 산사태의 방지가 이루어졌다는 주장이 동시에 존재하는 것이다. 그런데 필자가 몇 년 전에 북한산 국립공원에서 발견한 생태 안내판에는 이렇게 적혀 있었다.

땅을 비옥하게 하는 아까시 나무. 뿌리혹박테리아가 있어서 메마르고 거친 땅에서도 잘 자라는 아까시 나무는 황폐했던 우리나라의 산림을 비옥하고 푸르게 만드는 데 큰 공을 세운 고마운 효자 나무입니다. 아까시 나무를 비롯한 싸리 같은 콩과 식물은 건조하고 척박한 곳에서도 잘 살 뿐 아니라 땅 속에 질소를 고정하여 땅을 비옥하게 합니다. 우리가 먹는 벌꿀의 60% 이상이 아까시 나무의 꽃에서 나옵니다.　　　　　- 북한산국립공원 도봉사무소

그리고 미군정이 펴낸 한국의 임업 실태 보고서에는 이렇게 적혀 있다.

… 전문적 관점에서 보면 일제 지배 하의 재조림은 매우 훌륭했다. 그들의 방법은 현대적이었고 높은 생존율을 보였다. 민간 토지 소유주들조차 벌목 후에는 그들의 토지에 다시 나무를 심어야 했고, 지방 또는 중앙정부 소유 산림에 대해 벌목 허가를 할 때는 사업자에게 벌목 후 즉각 재조림을 요구했다. 그러나 1937년 7월 이후 일본은 군사용으로 엄청난 양의 목재와 다른 임산품을 필요로 했다….　　　　　- 한국사 데이터베이스

2부 눈물의 씨앗, 기쁨의 열매

즉, 일제강점기 이전에는 솔직히 조선은 붉은 민둥산이 가득했으나 이후 녹화가 20년 이상 진행되었다. 1937년 중일전쟁을 시작하면서 일제는 전국의 산림 자원을 전쟁에 투입하기 시작했던 것이다. 아까시(아카시아)에 관한 말도 그렇다. 문화의 발전은 정확한 사실, 데이터가 기본이 된다. 아무리 기분이 나빠도, 팩트에 기반하지 않는 논리는 오히려 건강치 못한 폐쇄적 민족주의를 양성할 뿐 우리의 문화 발전에는 도움이 되지 않는다.

한편 오토사쿠는 '도시계획과 공업자원 함양'이라는 글을 1920년 9월 7일부터 18일까지 8회에 걸쳐 동아일보에 발표하는 등 임업에 한하지 않은 근대 테크노크라트의 면면을 보여주고 있다. 1918년 3월 2일 오사카 아사히신문에 실린 '직공으로서의 조선인/영림창장 사이토 오토사쿠 씨 담(談)'에서는, 일본인 노동자에 떨어지지 않는 조선인 노동자의 우수성을 주장하기도 했다.

기타 사회활동으로는 기독교경성로타리클럽 회원, 경기도 평의원, 일본기독교회 장로, 경성기독교청년회 평의원 등을 지냈다.

일본과 조선, 두 조국

오토사쿠는 총독부의 신사참배에 대해서도 비판적이었다.

제일고녀(경기여고)에 다니던 외손녀 에츠코(悅子 1922~2001)가, 학교 단체의 조선신궁 참배 시 길가 조선인들의 시선에 심한 가책을 느껴 할아버지에게 학교에 가고 싶지 않다고 말하자, 오토사쿠는 "그런 학교는 쉬어라"라고 말하며 '우치무라 간조의 불경사건'에 관해 들려주었다.

사이토 오토사쿠의 묘, 1938년과 현재

    1890년 10월30일 반포된 천황 교육칙어의 제일고등중학교에서의 봉독식 때(1891.01.09.), 교사 우치무라는 칙어의 천황 이름에 경례를 했지만 (45도 각도의) '최경례'를 하지 않았다. 이것이 동교 교사, 학생, 신문잡지 등으로부터 불경하다는 비난을 받아 우치무라는 해직되었다. 이러한 우치무라 간조의 불경사건은 일본의 국체와 기독교와의 관계를 둘러싼 논의로 발전하였다. 우치무라 간조의 무교회주의는 우리나라의 김교신, 함석헌 목사에게도 영향을 끼친 바가 있다.

    앞서 소개된 아사카와 다쿠미는 야마나시현 산림과장이었던 오토사쿠와의 인연도 있어 경성에서도 사제의 정을 이어갔다. 다쿠미의 일기(1922~1923)에는 "1922년 1월 30일에 신교동의 집을 방문하였는데 사이토 씨는 감기로 누워 계셨고, 부인이 부지런히 간호하며 일하고 있었다. 그는 누워서도 활기차고 재미있게 임학상의 문제나 주택론을 화제로 말씀하셨다"라는 기록이 보인다.

    또 다쿠미 고향 야마나시 향우회에는 야마나시현의 산림과장으로 근무했던 사이토 부부도 초대를 받은 사실(4월 30일)이 보이며,

2부 눈물의 씨앗, 기쁨의 열매

손녀 에츠코는 다쿠미와 야나기 등이 주최한 야나기 가네코의 독창회 때 마지막에 가네코에게 꽃다발을 전달하는 역할을 맡았다.

1936년 6월 28일 저녁, 오토사쿠는 71세의 나이로 경성제대 부속병원에서 숨을 거두었다. 6월 30일 정동기독교회에서 5천여 명의 참석 하에 아키즈키 목사에 의해 장례식이 거행되었다.

1938년 일본으로 간 손녀 에츠코는 후에 시민운동에 참가, 재일교포 간첩 사건으로 구속된 서준식·서경식 형제를 구하는 모임을 비롯하여 한국 민주화운동을 지원하였고, 1992년에는 조부 사이토 오토사쿠의 삶을 정리한 『두 조국(ふたつの祖國)』을 펴냈다.

책의 마지막 부분에, "조부는 기독교 신앙에 근거한 사랑과 봉사의 실천, 차별이나 악에 대해 싸우며 모든 인간과 자연의 공생을 '지상의 천국'으로 꿈꾸며 '이사야서 11장'(두서)을 즐겨 읽었다"며 다음과 같이 끝을 맺었다.

조부가 돌아가시고 2년 후 경성부 교외의 망우리에 조부의 묘가 만들어졌다. 생전 바라던 대로 조부는 사랑하는 조선의 땅에 잠든 것이다. 조선반도의 땅이 반도의 사람에게 되돌아갔으니, 조부도 기쁘게 생각하고 있을 것으로 믿는다.

※ 찾아가는 길
동락천을 거쳐 조봉암 선생 묘를 지나면 약 60~70미터 정도 오른쪽 위에 색다른 비석이 하나 보인다. 몸통은 직사면체에 윗부분이 사각볼형로 육중하게 보이는 비석이다. 이정표가 서 있다.

망우리 언덕의 십자가

영화롭다 주 계신 곳
서민의 비명

    망우리공원에는 기독교인이 많다. 십자가를 그려 넣고 성경의 말씀을 새겨 넣은 비석이 곳곳에 눈에 많이 띈다. 6·25 때 많은 기독교인이 월남했는데 그분들은 고향으로 돌아갈 수 없었다.

    여기에 소개된 유명인사 조봉암, 서광조, 오긍선, 오한영, 이영준, 김말봉을 제외하고 나머지 모든 분들이 북쪽이 고향이고, 그 밖의 많은 서민들이 이곳으로 왔다. 개성이 고향인 어느 고인을 여기에 모시고 자식들은 비석에 이렇게 적어 놓았다.

단기 4294년(1961)
본적 경기도 개성군 남면 ○○리
고향에 모실 때까지 편히 계세요

    이제나저제나 기다렸건만, 남북이 철조망에 가로막힌 세월이 어언 70년이 넘게 될 줄 그 누가 알았겠는가. 우리나라 기독교의 초기 역사와 더불어 종교의 자유를 찾아 월남한 분들의 이야기가 여기에 모여 있는 것이다.

그리고 기독교인의 비석은 공통적인 특징이 있다. 일단 유교식 비문은 간단하게, 예를 들어 앞면에 '학생(學生)○○○지묘'나 '金公○○지묘', 뒷면에 생몰 연월일과 자식의 이름만 써 놓은 것이 많은데, 기독교인의 비문은 틀에 얽매이지 않고 비교적 자유롭게 많은 글이 새겨져 있다. 그래서 당대의 역사를 증언하는 소중한 비문이 많다. 또한 십자가가 새겨진 것 외로, 한문이 아닌 한글을 많이 사용했다. 서기는 '주후(主后, A.C.)', 묘지는 '무덤', 고(古)는 '옛', 생몰(生沒)은 '남', '잠' 등으로 썼다.

기독교가 우리나라에 처음 들어왔을 때부터 성경은 한문이나 국한문 혼용체가 아닌 한글로 번역되었고, 찬송가와 기독교 서적, 신문도 한글로 만들어 널리 보급되었다.

기독교 발전의 역사는 서민의 부상과 한글 발전의 역사이기도 하다. 유명한 한글학자 주시경 장로는 상동교회에서 조선어강습원을 열어 한글을 보급했고, 국어학자 김윤경(정동교회), 최현배(새문안교회) 등도 한글 보급의 선구자였다.

그러한 기독교와 한글의 공존이 이곳에 나타나 있다. 서민의 비문 몇 개를 소개한다.

갈린 몸

남편이 부인에게 바치는 글이다. 이것은 산책로 오른쪽 길로 쭉 가서 왼쪽 반환점으로 돌지 않고 계속 용마산 방향(서광조 묘 방향)으로 직진하면 오른쪽에 보였다. 그러나 2014년 서울시 용역으로 실태조사차 다시 가보았지만 찾을 수 없었다.

서민의 비석도 시대를 말해 주는 소중한 문화재이다. 대개 이장할 때 비석은 무거워 그 자리에 묻고 간다고 한다. 용역보고서에 비석의 발굴을 요청했는데, 담당자가 계속 바뀌며 용역보고서는 어딘가에 처박혀 있는 것 같다.

(앞면)

박은히 자는 곳
님이 가시면서 부탁한 그대로 어린것들을 나 혼자서라도 잘 키우리이다 님이여 우리 다시 만나는 영원한 나라에 빛나는 나라에 함께 만나리 다시 만나리. 갈린몸 정훈

(뒷면)
님이여 그대가 마즈막 말로 편안치 않지만 잘 터이니 깨우지 말우 하면서 곱게 자던 그 얼굴을 나는 똑똑히 이 눈으로 보았나이다 잘자오 님이여 아름다운 그 말이여 님이 자고 있는 이곳에 나는 님이 하시단 말을 그대로 기록하였나이다.

(옆면) 1954년 월 일 아침 6시 10분 묘주 정훈

'갈린 몸'이라는 표현이 인상적이다. 부부는 일심동체였으나 사별하니 갈린 몸이 되었다.

그 둘이 한 몸이 될지니라, 이러한즉 이제 둘이 아니요 한 몸이니 그러므로 하나님이 짝지어 주신 것을 사람이 나누지 못할지니라 하시더라.   - 마가 10:8~9

아가야

사랑은 내리 사랑이라고, 자식을 잃은 부모의 마음만큼 애절한 것이 또 어디 있으리. 필자가 대학시절에 처음 망우리공원을 찾았을 때 발견했던 비석 중의 하나가 부모보다 일찍 간 아들을 기리는 비석이었다. 지금도 비문이 기억난다.

바람이 불어도 비가 내려도 구름이 흘러가도
너는 우리 가슴에 영원히 남아 있으리.

이는 10대 후반에 하늘로 떠난 아들의 비석이었다. 그 비석은 아무리 찾아봐도 보이지 않았다.

또 다른 어머니의 마음을 본다.

망우리 언덕의 십자가

어여간 나의 마음 / 가르어간 나의 몸
어이고 가르니 / 가는 곳 그 어딘가
영화롭다 주 계신 곳 / 아버지 가신 곳
요한아!
계서 편히 쉬니 / 설레던 마음 맑아지다
엄마

아들 요한이 가버린 나이는 불과 18세. 오른쪽에는 '언니 봉학 세움. 1950.6.10'이라 새겨져 있다. '봉학'은 흥남 철수 작전의 영웅 현봉학 박사(1922~2007)를 말한다. 부친은 함경북도 성진 욱정에서 영생고녀 교목을 지낸 현원국 목사이고, 모친은 장로교 여전도회장(14대, 1946)을 지낸 신애균 여사다.

비석의 말은 그 시대의 쓰임새를 보여준다. 언니는 형의 서울말이었다. '어이다'는 '에다'이다. 즉 '칼 따위로 도려내듯 베다, 마음을 몹시 아프게 하다'라는 말이다.

비문의 글을 지금의 어감으로 풀어쓰면 다음과 같다.

한 마음 같은 내 마음에서 베어지고, 한 몸 같은 내 몸에서 갈라졌구나. 그렇게 하여 네가 떠나간 그곳은 어디인가. 영화롭구나. 주님이 계신 곳, 아버지가 먼저 가 계신 그곳이구나. 요한아, 그곳에서 편히 쉴 터이니 어수선했던 내 마음이 가라앉는구나. 엄마.

친구들이 세운 비석

고 김광영지묘

젊은 혼이여

하느님 나라에 편히 쉬어라

서기 1962년 10월 12일 선종

친우 일동 세움

형(언니)이 세운 비석

(앞면)

사랑하는 동생

신현순의 묘

(뒷면)

주님의 품 안에 고히 잠들다

주후 1961년 10월 25일

사랑하는 어머니

(앞면)
사랑하는 어머니
손경주 집사 잠드신 곳

그는 선한 싸움을 싸우고
그의 달려갈 길을 마치고
믿음을 지키다가
이곳에 잠들다

(뒷면)

그는 1890년 9월 6일 평북 초산에서 출생하여 16세에 안승원 목사에게 세례를 받고 함석용과 결혼, 그를 도와 청빈과 싸우며 9년 동안에 평양신학교를 거쳐 목사가 되게 하다. 39세에 부군과 사별하고 4남 1녀를 양육하여 오직 하나님만을 의지하고 돈독한 신앙을 지키다 1949년 11월 16일 하나님의 부르심을 받다.

여기에 나온 안승원 목사(1872~1941)는 1910년 평양신학교를 3회로 졸업하고 장로회 독노회에서 목사 안수를 받았다. 3·1운동 때 신의주 만세운동을 주도하고, 상해임시정부 조직에 참여하였다. 1920년에 체포되어 평양감옥에서 옥고를 치른 후, 1922년 출옥하여 용산교회에서 시무하였다. 부군 함석용 목사는 평북 강계읍 교회에서 담임목사를 맡았다.

이외에도 서민의 감동적인 글을 망우리의 곳곳에서 발견할 수 있다. 우리 근대 서민의 역사가 여기에 모여 있다. 지도자는 자신의 뜻을 서민에게 전하고, 서민은 지도자의 뜻을 실현하는 동력이다. 또한 지도자의 언행은 서민을 대표한 것이기도 하다. 역사의 수레바퀴는 저마다의 지혜와 힘을 모아 모두가 함께 돌려가는 것이다.

●○○○

시민의 비명으로써 기독교에 관점을 둔 기나긴 망우리 답사를 마치고자 한다. 본서는 기독교인을 중심으로 풀어 갔지만, 다른 많은 인물의 이야기도 궁금하신 분들은 필자의 기존 저서를 읽어 보시기 바란다. 졸고를 끝까지 읽어주신 독자 분들에게 감사드리며 조만간 날씨 좋은 날에 망우리공원 현장에서 만나 뵙게 되기를 바라 마지않는다.

망우리 언덕의 십자가

다시 살아난 '망우'의 의미

태조 이성계가 무학대사와 함께 지금의 건원릉(동구릉 내)에 자신의 묏자리를 정하고 돌아오는 길에, 고개에서 다시 묏자리를 내려다보며 "이제야 근심을 잊겠구나" 하여 망우(忘憂)고개가 되고, 서쪽 아래 동네가 망우리가 되었다. 태조의 '망우'는 자신이 잠들 묏자리였다. 묏자리가 좋아야 대대손손 나라가 이어질 수 있다는 당시의 믿음에서였다. 그래서 동네사람들은 임금님이 하사하신 영예로운 이름이라 하여 대대손손 긍지를 갖고 살았다.

그 후, 망우리는 조선 후기부터 망우리면이 되어 말 목장 지역인 면목동을 제외한 대부분의 중랑구를 포함하였다. 망우면이 아니라 망우리면이라는 점에 주목해야 한다. 청량리가 청량리동이 되고 왕십리가 왕십리동이 되었듯, 조선시대의 조상은 망우리의 역사성을 그대로 간직하기 위해 망우리면이라 하였던 것이다.

그러나 일제는 1914년의 행정 구역 개편 때 구지면의 구와 망우리면의 리를 따서 구리면이라 하고, 망우리면은 구리면 망우리로 격하시켰다. 그리고 1933년 왕릉 가까운 망우리에 공동묘지를 조성하였다. 원래 왕릉 10리(4km) 안에는 묘가 서지 못했는데, 관리 사무소에서 건원릉까지의 거리는 1.9킬로미터이다. 기록에는 남지 않았지만, 이는 조선의 역사성을 없애고자 하는 시도였음이 명백하다. 그러므로 공동묘지의 이미지 때문에 지금 '망우리공원' 명칭 외로 지역에서 사라진 '망우리' 지명의 복원은 일제 잔재의 청산이기도 한 것이다.

망우리묘지는 1973년에 만장되었을 때, 무려 4만 7천여 기가 산을 뒤덮고 나무도 거의 없는 삭막한 풍경이었다. 오랫동안 망우리는 죽음의 대명사로 사용되었다. 그 시절, 동대문 버스정거장에서 "청량리, 중랑교, 망우리 가요~"라고 외치던 버스 차장의 말은 "차라리 죽으러 망우리 가요"로 들렸다고 한다.

삶이 어려웠던 시절, 매일 죽고 싶은 마음이 생길 정도로 고생하던 사람들은, 죽음이 자기 바로 옆에 있었기에 죽음이 가득한 망우리를 찾아갈 시간도 마음의 여유도 없었다. 망우는 속세의 번뇌를 잊고 잠든 죽음의 의미가 되었다.

그 후, 지속적으로 나무를 심고 가꾸는 공원화 작업을 통해 망우의 원래 의미가 다시 살아나기 시작했다. 산 자의 동네가 눈부시게 발전하면서 고인의 동네 망우리도 동시에 변모하기 시작했다. 1997~1998년 공원 둘레길에 유명인사 연보비 15개가 세워지면서 역사문화공원으로서의 발돋움을 시작했고, 명칭도 1998년에 '망우리공원'으로 바뀌었다.

2012년에 한국내셔널트러스트는 '꼭 지키고 싶은 우리의 문화유산'으로 선정했고, 2013년에 서울시는 미래유산으로 선정하고

2016년에 인문학길 '사잇길'을 조성하였다. 나아가 세계적인 인문학공원 조성에 박차를 가하기 위해, 지자체 중랑구는 2020년 서울시로부터 공원의 시설 관리권을 넘겨받았다.

죽음의 망우에서 이제는 삶의 망우가 되었다. 망우리공원에서의 인문학적 체험을 통한 치유, 사색, 성찰, 힐링의 망우이다. 여러 기관과 단체에 의한 다양한 이벤트와 답사 프로그램이 학생과 시민의 발길을 이끌고 있다.

인문학의 목적은 망우하기 위함이다. 망우의 우(憂)는 각종 근심, 불안, 회의, 슬픔, 우울, 분노, 의지박약 등의 마이너스적인 모든 정신 상태를 말한다. 마이너스가 되는 바이러스를 제거하기 위해서는 독서, 운동, 종교활동 등 저마다의 방식을 통한 지속적인 수행이 필요하다. 망우는 일순간에 노력 없이 거저 얻어지는 것이 아니다.

망우리공원에 있는 60여 명의 근현대 선구자의 묘를 찾아 인사를 드리고 비문을 읽는다. 그렇게 공원을 한 바퀴 돌아오면, 우리는 자신도 모르게 근심 하나를 잊게 된다. 망우하게 된다. 즉, 지금 시대 우리의 망우는 '삶'의 망우이다.

근심을 잊는다는 원래의 의미 '망우'가 죽음의 어두운 터널을 벗어나, 이제는 햇빛 찬란한 풍경 속에서 인문학의 대명사로 다시 태어났다.

망우리공원 유명인사 일람표

(가나다순. 2020년 12월 현재, 굵은 글자는 본서 소개 인물 24인)

No.	유명인사	묘번	생몰년도	기일	출신	직업/분류	비고
1	**강소천(姜小泉)**	개인묘지	1915~1963	05.06.	**함남고원**	**아동문학가**	**집사**
2	계용묵(桂鎔默)	105383	1904~1961	08.09.	평북선천	소설가	
3	권진규(權鎭圭)	201720	1922~1973	05.04.	함남함흥	조각가	
4	**김말봉(金末峰)**	100768	1901~1961	02.09.	**부산**	**소설가**	**장로**
5	**김분옥(金芬玉)**	203454	1903~1966	04.13	**평남강서**	**여성운동가**	**유관순 동창**
6	김상용(金尙鎔)	109956	1902~1951	06.22.	경기연천	시인	
7	김이석(金利錫)	203693	1915~1964	09.18.	평남평양	소설가	
8	**김호직(金浩稙)**	개인묘지	1905~1959	08.31.	**평북벽동**	**영양학자**	
9	노필(盧泌)	204942	1927~1966	07.29.	서울화동	영화감독	
10	명온공주(明溫公主)	203747	1810~1832	06.13.	서울	공주	합장묘
11	김현근(金賢根)	203747	1810~1868	08.26.	안동	부마/영의정	
12	문일평(文一平)	203742	1888~1939	04.03.	평북의주	애국지사/독립장	등록문화재
13	박승빈(朴勝彬)	203610	1880~1943	10.30.	강원철원	변호사	
14	박인환(朴寅煥)	102308	1926~1956	03.20.	강원인제	시인	+연보비
15	**박희도(朴熙道)**	109628	1889~1951	09.26.	**황해해주**	**중앙보육학교장**	**기미33인**
16	방정환(方定煥)	203703	1899~1931	07.23.	서울당주동	아동문학가	등록문화재
17	삼학병 김명근	109954	?~1946	01.19.	불상	학병동맹원	
18	삼학병 김성익	110014	?~1946	01.19.	불상	학병동맹원	
19	삼학병 박진동	109955	1921~1946	01.19.	경남남해	학병동맹군사부장	
20	**서광조(徐光朝)**	108919	1897~1964	07.24.	**전남목포**	**애국지사/애족장**	**등록문화재**
21	서동일(徐東日)	107266	1893~1966	04.26.	경북경산	애국지사/애족장	등록문화재
22	설의식(薛義植)	204325	1901~1954	07.21.	함남단천	언론인	차남
23	설태희(薛泰熙)	204329	1875~1940	04.09.	함남단천	유학자	부친
24	신경진(申景禛)	개인묘지	1575~1643	–	서울	영의정	+신도비
25	안봉익(安鳳益)	204419	1910~1957	09.09.	함북경성	대한중석초대사장	
26	**오긍선(吳兢善)**	203636	1878~1963	05.18.	**충남공주**	**의사, 세의전교장**	**+연보비**
27	**오한영(吳漢泳)**	203614	1898~1952	04.14	**충남공주**	**의사, 보사부장관**	**오긍선 장남**
28	오기만(吳基萬)	204390	1905~1937	08.23.	황해연백	애국지사/애국장	등록문화재
29	오세창(吳世昌)	203733	1864~1953	04.16.	서울	애국지사/대통령장	등록문화재
30	오재영(吳哉泳)	103570	1897~1948	07.26.	부산	애국지사/애족장	등록문화재
31	**유상규(劉相奎)**	203555	1897~1936	07.18.	**평북강계**	**애국지사/애족장**	**등록문화재**
32	**이경숙(李景淑)**	203364	1924~1953	11.18.	**경기개성**	**여성운동가**	**유달영 비문**
33	이광래(李光來)	108899	1908~1968	10.30.	경남마산	극작가	

망우리 언덕의 십자가

34	이병홍(李炳洪)	205129	1891~1955	10.17.	경남산청	국회의원	
35	**이영준(李榮俊)**	**203620**	**1896~1968**	**08.18.**	**대구**	**국회부의장**	**오긍선 제자**
36	**이영학(李英學)**	**203566**	**1904~1955**	**12.09.**	**평북선천**	**흥사단원**	
37	이인성(李仁星)	203574	1912~1950	11.04.	대구	화가	
38	이중섭(李仲燮)	103535	1916~1956	09.06.	평남평원	화가	
39	**장덕수(張德秀)**	**109257**	**1894~1947**	**12.02.**	**황해재령**	**언론인/정치인**	**+연보비**
40	**박은혜(朴恩惠)**	**109257**	**1904~1963**	**10.31.**	**평남평원**	**경기여고교장**	**합장묘**
41	**조봉암(曺奉巖)**	**204717**	**1899~1959**	**07.31.**	**경기강화**	**진보당당수**	**+연보비**
42	지석영(池錫永)	202541	1855~1935	02.01.	서울낙원동	의사	+연보비
43	차중락(車重樂)	105689	1942~1968	11.10.	서울신당동	가수	
44	최신복(崔信福)	203704	1906~1945	01.02.	경기수원	아동문학가	
45	최학송(崔鶴松)	205288	1901~1932	07.09.	함북성진	소설가	+문학비
46	한용운(韓龍雲)	204411	1879~1944	06.29.	충남홍성	애국지사/대한민국장	등록문화재
47	함세덕(咸世德)	109513	1915~1950	06.29.	경기강화	극작가	
48	**허연(許然)**	**109805**	**1896~1949**	**08.12**	**평남순안**	**교육가/경제학자**	**흥사단원**
49	**사이토 오토사쿠**	**–**	**1866~1936**	**06.28.**	**일본**	**산림관료**	**일본인**
50	**아사카와 다쿠미**	**203363**	**1891~1931**	**04.02.**	**일본**	**민예연구가**	**일본인**
51	허어금	109077	1898~1966	04.29.	서민	양천 허씨	박종화비문
이장 후 비석/연보비 존재 인사							
52	**강학린(姜鶴麟)**	**추념비**	**1885~1941**	**07.05**	**함북성진**	**애국지사/애족장**	**'03현충원**
53	**김봉성(金鳳性)**	**비석**	**1900~1943**	**12.18.**	**평남강서**	**애국지사/건국포장**	**'16현충원**
54	김승민(金升旼)	비석	1872~1931	11.20.	함남함흥	애국지사/애국장	'94현충원
55	**문명훤(文明煊)**	**비석/연보비**	**1892~1958**	**10.23.**	**평남평양**	**애국지사/애족장**	**'06현충원**
56	박원희(朴元熙)	비석	1899~1928	01.05.	대전	애국지사/애족장	부부.
57	김사국(金思國)	비석	1892~1926	05.08	충남논산	애국지사/애족장	'12현충원
58	박찬익(朴贊翊)	비석 2개	1884~1949	02.20.	경기파주	애국지사/독립장	'93현충원
59	**서병호(徐丙浩)**	**비석/연보비**	**1885~1972**	**06.07.**	**황해장연**	**애국지사/애국장**	**'08현충원**
60	송석하(宋錫夏)	비석	1904~1948	08.05.	경남언양	민속학자	'96태안
61	**안창호(安昌浩)**	**비석**	**1878~1938**	**03.10.**	**평남강서**	**애국지사/대한민국장**	**'16구비복귀**
62	이영민(李榮敏)	비석	1905~1954	10.12	경북칠곡	야구선수	불상
63	이탁(李鐸)	비석	1898~1967	04.24.	경기양평	애국지사/애국장	'92현충원
기념탑/기념비							
64	13도창의군탑	동아일보	1991			기념탑	허위/이인영
65	국민강녕탑	개인	2014			기원탑	최고학(1927)
66	노고산천골취장비	201616	1938			합동추모비	무연분묘
67	**이태원묘지합장비**	**100036**	**1936**			**유관순 추정묘**	**무연분묘**

망우리공원 찾아가는 길과 추천 코스

■ 대중교통

상봉역(7호선) 5번 출구나 망우역(경의중앙선) 1번 출구로 나와 구리/남양주시 방면 버스 3, 30, 51, 65, 88, 165, 166-1, 167, 201, 202 및 서울버스 270번을 타고 '동부제일병원·망우리공원' 정거장에 하차. 우측으로 건너가 고개 방향으로 200미터 올라가 오른쪽 운동장 쪽으로 들어가 화장실이 나오면 왼쪽으로 돈 후 나무 계단을 올라가면 관리사무소가 나온다(정거장에서 765m, 14분).

시간이 있으면 운동장에 서 있는 '13도창의군탑'을 둘러보고 올라오기를 권한다. 단, 51번 버스는 망우리고개를 넘자마자 '딸기원서문' 정거장에도 선다. 뒤로 거슬러 50미터 가서 삼봉사(푯말 있음) 쪽으로 좌로 틀어 끝까지 가서 막힌 길 아래로 무덤 사이의 작은 길을 구불구불 가면 관리사무소와 화장실 사이로 도착하게 된다(6분). 이 길이 가장 빠르기는 하나 버스가 자주 오지는 않는다.

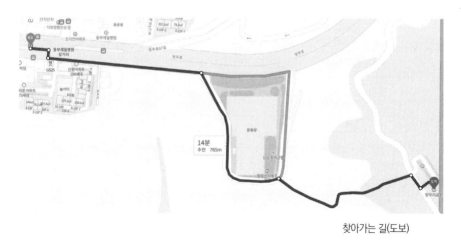

찾아가는 길(도보)

망우리 언덕의 십자가

■ 자동차

내비게이션에 '서울 중랑구 망우로 570, 혹은 망우리공원, 망우리공원묘지 주차장' 등으로 입력. 고개에 '낙이망우' 원형 표지가 붙은 다리가 보인다. 서울 쪽에서 오는 경우는 망우리 고개의 다리 밑을 지나자마자 우회전하여 쭉 올라간다. 경기도 쪽에서 오면 고개의 다리를 지나 우회전하여 다리를 넘어서 쭉 끝까지 올라간다.

봄·가을의 토요일 오후는 길이 좀 막히니 여유 있게 나서기를 권한다. 주차장이 협소하니 봄·가을, 주말에는 일찍 오지 않으면 주차할 자리가 거의 없다.

■ 택시

혼동하여 아래의 운동장으로 데려다주는 기사가 종종 있으니, 반드시 "망우리 고개의 다리를 지나자마자 우측으로 급하게 틀어서 올라가 주세요."라고 말한다.

찾아가는 길(자동차)

■ 추천하는 기독교인 코스

망우리공원은 면적이 넓어 순환 루트에서 떨어진 곳이 몇 곳 있다. 단체의 경우, 강소천, 김호직, 김분옥, 문명훤, 서광조는 별도 개별 방문으로 하고, 이왕 방문한 기회에 비기독교인 유명인사 5인을 포함하여 공원을 좌에서 우로 돌아가는 답사 코스를 추천한다.

*루트

관리사무소 집결 → 김말봉 → 이태원합장비/유관순 → 구리·한강전망대 → (이인성) → 이영학 → 안창호/김봉성 → 유상규 → 아사카와 → 이경숙 → 오긍선/오한영 → 이영준 → (방정환) → 서병호 → 박희도 → (한용운) → 조봉암 → 사이토 → 장덕수/박은혜 → 중랑전망대 → (이중섭) → (박인환) → 관리사무소 복귀.

*시간 : 해설의 길이, 체력에 따라 3~4시간

망우리 언덕의 십자가

관리사무소 앞

구리전망대

입구 가벽

중랑전망대

장로 비석

참고문헌

〈공통〉
행정안전부,「국가기록원」
보훈처,「공훈전자사료관」
국사편찬위원회,「한국사데이터베이스」
한국학중앙연구원,「한국역대인물종합시스템」
네이버, 뉴스라이브러리/지식백과
김재현,『한반도에 울려 퍼진 희망의 아리랑』, KIATS, 2019
전택부,『한국교회발전사』, 대한기독교출판사, 1995
흥사단인물101인편집위원회,『흥사단인물101인』, 흥사단, 2015
정동제일교회역사편찬위원회,『정동제일교회구십년사』, 1977
대한성서공회,『성경전서 개역한글판』, 1961

〈안창호/유상규〉
「도산의 말씀」, 흥사단 사이트, http://www.yka.or.kr/html/about_dosan/dosans_
words.asp
고당기념사업회,『조만식회상록』, 조광출판인쇄, 1995
존차/문형렬,『버드나무 그늘 아래(안수산)』, 문학세계사, 2003
대한인국민회 기념재단 https://knamf.org/
주요한,『안도산전서』, 흥사단, 2015
유상규/유옹섭,『애국지사 태허 유상규』, 흥사단 출판부, 2007
이광수,『도산 안창호』, 하서, 2000
장리욱,『도산의 인격과 생애』, 대성문화사, 1970
김경하,『태산을 넘어 험곡에 가도』, 한국장로출판사, 2002
김재현,『한반도에 울려퍼진 희망의 아리랑』, KIATS, 2019
「1938년 5월호, 도산의 유언」,《삼천리》제10권 제5호
선우훈,『민족의 수난』(태극서관, 1948)
동아일보, 1925.03.20., 1926.06.07., 1927.02.21., 1935.01.08./05.23., 1936.05.23.,
1949.03.11., 1957.11.21.
중외일보, 1930.02.22./ 조선일보, 1930.02.23., 1931.09.21., 1935.10.14.,
1969.11.06.
유상규, 위키백과

〈김봉성〉
동아일보 1927.02.21., 1933.12.03., 1935.12.07.
신한민보 1927.03.24., 1933.01.05.
김영혁, 『(창립100주년) 신성학교사』, 신성학교동창회, 2006
유족 인터뷰, 2020.

〈이영학〉
동아일보 1925.04.19./10.24., 1927.06.15., 1928.07.15., 1929.07.08./08.03,
1932.10.27./ 1933.08.25./11.17.-18., 1934.03.10./04.17./07.21., 1935.01.15./04.
18./05.03./09.18., 1936.04.17, 1955.12.13, 2009.09.22
조선중앙일보 1934.01.11., 1935.01.11. / 매일신보 1934.12.13., 1941.01.19.
조선일보, 1936.03.14., 1939.03.07.
흥사단 홈페이지, http://www.yka.or.kr/html/communication/freeboard.
asp?no=15968
경성복심법원의 동우회 판결문, 국가기록원 독립운동관련 판결문
『개벽』, 1923.09.10.
김영혁, 『(창립100주년)신성학교사』, 신성학교동창회, 2006

〈문명훤〉
문명훤, 자서전 『간난의 정복자』, 어린이문화관, 1973
동아일보, 1931.04.05./ 조선일보, 1933.01.17.
연합뉴스 2007.11.10., 2009.02.07./ 매일경제 2018.05.20.
「내외인물인상기」, 『동광』 제23호(1932.04.01.)
《동광》 제23호(1932.04.01.)

〈허연〉
「1930년의 문단」, 별건곤 제35호, 1930.12.01
평남기비제118호, 조선인불온행동에 관한 건, 1919.3.7.
허연, 『박꽃』, 다솜출판사, 2010
허달 블로그 blog.naver.com/dhugh
경향신문 1981.1.19. / 동아일보 1936.4.20., 1946.4.20.
조선일보 1936.2.8. / 독립신문 1921.12.26.
삼육중고, 삼육대, 시조사 홈페이지

〈강학린〉
동아일보 1921.07.03., 1923.01.20., 1935.06.22.
서울신문 2018.04.05.
이영란, 「표지 이야기」, 『기독교사상』, 대한기독교서회, 2008년 2월호

〈서병호〉
동아일보 1922.02.05., 1923.03.08./08.04.,1939.11.08., 1964.03.10.
새문안교회 홈페이지 http://www.saemoonan.org/

〈서광조〉
동아일보 1922.07.24., 1926.06.27., 1963.03.25.
경향신문 1963.03.14./03.26/05.16.
매일신보 1920.09.09., 1921.12.23.

〈이태원무연분묘합장비/유관순〉
보훈처, 유관순(이달의 독립운동가, 2019년 1월)
박충순, 「유관순과 3·1운동」, 『망우리공원현황조사학술용역』, 중랑구청/한국내셔널트러스트, 2020
동아일보 1935.10.24., 1937.06.09. / 경향신문 1975.8.13.
박인덕, 『구월 원숭이』, 창미, 2007.

〈김분옥〉
동아일보 1925.11.20., 1927.06.23., 1927.10.22., 1932.11.18.,1994.12.30.
경향신문 1947.07.03., 1949.07.29., 1947.08.03., 1948.03.13., 1948.03.28., 1948.07.29., 1960.09.20.
중외일보 1930.08.23. / 아시아경제 2019.10.20.
조선일보 1925.04.23., 1948.03.14.
대한일보 1948.03.13.
『거울』, 제65호, 1955.10.10.
안성결, 『죽더라도 거짓이 없어라』, 한국문화사, 1996
이화여대가정과학대학, 『가정과학대학70년사』, 이화여대, 1999

〈조봉암〉
이영석, 『죽산 조봉암』, 원음출판사, 1983
정태영, 『조봉암과 진보당』, 후마니타스, 2006
장병혜, 『상록의 자유혼』, 장택상기념사업회, 1992
이철순, 「1950년대 후반 미국의 대한 정책」, 『해방전후사의 재인식2』, 책세상
김삼웅, 『죽산조봉암평전』, 시대의창, 2010
이원규, 『조봉암평전』, 한길사, 2013
원희복, 「르포. 국립묘지와 망우리 묘지」, 《인물계》 1989년 6월호
박창훈, 「해방 후 통일담론의 발전과 기독교의 역할: 조봉암의 평화통일론의 배경과 의의」
박용만, 『경무대비화』, 내외신서, 1986
동아일보 1958.05.28., 1959.08.01

〈오긍선〉
해관기념사업회, 『해관 오긍선』, 연세대 출판부, 1977
김덕형, 『한국의 명가』, 일지사, 1976
김상태 편역, 『윤치호 일기』, 역사비평사, 2001
해관오긍선기념 학술강연회 《메디게이트뉴스》, 2007.05.31
'좋은집' 사이트 http://www.anfam.or.kr
이종무, 「이상철 목사의 독립 운동과 헌신의 족적」, 한국성결신문, 2012.02.01.
동아일보 1933.02.26.,1962.11.03., 1968.08.22.
중앙일보 2013.11.03. / 오마이뉴스 2007.03.01. / 조선일보 1995.01.18.

〈박희도〉
남태식, 「짐」, 『속살 드러낸 것들은 모두 아름답다』, 리토피아, 2002
김상태 편역 『윤치호일기 1916~1943』, 역사비평사, 2001
임종국, 『실록친일파』, 돌베개, 1996
『3.1운동과 기독교 민족대표 16인』, 한국기독교역사연구소, 2019
「박희성」, 연합뉴스 등, 2010.11.05.
대한인국민회 기념재단 https://knamf.org/
원동오/김은경, 『열사가 된 의사들』 한국의사100주년기념재단, 2017
홍석창, 『매봉교회가 낳은 민족의 보배 유관순』, 한국감리교회사학회, 2011
동아일보 1920.04.06., 1979.03.05.
조선일보 1923.01.19., 1958.07.14., 1968.01.28., 1969.01.14.

〈장덕수/박은혜〉
이경남, 『설산 장덕수』, 동아일보사, 1981
김교식, 『장덕수』, 계성출판사, 1984
김명구, 「한민당과 기독교」, 『해방공간과 기독교 I』, 선인, 2017
이이화, 『한국사 이야기 21』, 한길사, 2004
김덕형, 『한국의 명가』, 일지사, 1976
인촌기념회 편, 『인촌 김성수』, 인촌기념회, 1976
김활란, 『그 빛 속의 작은 생명』, 이화여대출판부, 1999
박은혜, 『난석소품』, 경기여고학도호국단, 1955
유광렬, 『기자 반세기』, 서문당, 1969
백남훈, 『나의 일생』, 신현실사, 1973
양현혜, 『이화여자대학교 대학교회 70년사』, 이화여대출판부, 2005
전택부, 56~57p, 『토박이 신앙산맥1』, 대한기독교출판사, 1977
손상웅, 「시베리아 선교사 박정찬 목사」, 기독일보, 2013.03.29.
곽복산, 「다정다감한 인격자–장덕수」, 『거인은 사라지더라도』, 휘문출판사, 1973
동아일보 1925.03.26., 1927.12.09., 1930.03.19., 1946.06.02., 1947.12.04.,

1947.12.09., 1960.09.11.
경향신문 1949.03.04., 1960.09.09., 1960.10.11., 1984.03.26.
조선일보 2019.07.21. / 농촌여성신문, 2006.08.19.

〈김말봉〉
정하은 편저, 『김말봉의 문학과 사회』, 종로서적, 1986
김덕형, 『한국의 명가』, 일지사, 1976
김말봉, 『찔레꽃』(한국장편문학대계 13), 성음사, 1970
김말봉, 『푸른 날개』, 동근문화사, 1978
김말봉, 『김말봉전집3 찔레꽃』, 소명출판, 2014
김항명, 『이별속의 만남-김말봉』, 성도문화사, 1991
동아일보 1925.04.03., 1927.12.06., 1936.08.27., 1937.11.01.
조선일보 1927.06.07./06.21./10.07., 1962.02.12., 1963.03.17.
김인수, 『예수의 양 주기철』, 홍성사, 2007
한국기독교회사 http://photohs.co.kr/xe/2885
부산대인문학연구소, 『산북로 역사적 인물 재조명』, 2013

〈김호직〉
동아일보 1924.03.27., 1959.08.30./08.31.
김호직, 『내 양을 먹이라』, 한국번역출판사, 2001
김근배, 「한국의 과학기술자와 과학 아카이브」

〈강소천〉
박덕규, 『강소천평전』, 교학사, 2015
강소천, 『강소천 스크랩북』, 국립어린이청소년도서관
동아일보 1939.10.17., 1963.05.10., 1986.10.11., 1987.04.21., 1994.05.03.
경향신문 1973.05.31.
인터넷, '영원한 어린이들의 벗 강소천(www.kangsochun.com)'
강현구 인터뷰, 2018.04.16.

〈이경숙〉
유달영, 『눈 속에서 잎 피는 나무』, 중앙출판공사, 1967
경향신문 1954.08.11., 1957.04.18. / 문화일보 1997.01.16.
구관우 인터뷰, 2020.09.24.

〈아사카와 다쿠미〉
아사카와 다쿠미 저/심우성 역, 『조선의 소반·조선도자명고』, 학고재, 1996
다카사키 소지 저/김순희 역, 『아사카와 다쿠미 평전: 조선의 흙이 되다』, 효형출판, 2005
야나기무네요시 저/박재삼 역, 『조선과 예술』, 범우사, 1989
홍순혁, 「朝鮮의 膳을 읽고」, 동아일보, 1931.10.19
淺川巧, 『朝鮮の膳』, 公正會出版部, 1929
淺川巧著/高崎宗司編 『朝鮮民芸論集』, 岩波書店, 2003
高崎宗司 など, 『回想の淺川兄弟』, 草風館, 2005

〈사이토 오토사쿠〉
「職工とくての 鮮人/營林廠長 齋藤音作氏談」, 大阪朝日新聞, 1918.03.02
齋藤音作, 『朝鮮林業投資の有望』, 1930
朝鮮人事興信錄, 朝鮮新聞社, 1935
『內村鑑三と韓國·朝鮮, 日記』, 1925.06.01
(uchimurakorea.hp.infoseek.co.jp/uchimura/diary/19250601diary.htm)
齋藤音作, 「도시계획과 공업자원 함양」, 동아일보, 1921.09.17
近藤悦子, 『二つの祖國』, 1992
『아사카와 다쿠미의 일기와 서간』, 야마나시현 호쿠토시, 2014

한국 기독교 역사의 발자취

망우리 언덕의 십자가

초판 1쇄 2021년 3월 2일

지은이 김영식

펴낸이 김제구
펴낸곳 호메로스
편집디자인 디자인 마레
인쇄 · 제본 한영문화사

출판등록 제2002-000447호
주소 04029 서울시 마포구 잔다리로 77 대창빌딩 402호
전화 02) 332-4037
팩스 02) 332-4031
이메일 ries0730@naver.com

값은 뒤표지에 있습니다.
ISBN 979-11-90741-11-8

호메로스는 리즈앤북의 브랜드입니다.